Exílios Planetários

Crônicas Astrológicas

Rafael Duarte Oliveira Venancio

Publicação Independente na Amazon KDP
com apoio de
Caminhada Estelar | Espaço de Autoconhecimento e Expansão da
Consciência
&
To the Moon | Soluções em Storytelling
Maio de 2022

"Eu sou astrólogo
Vocês precisam acreditar em mim
Eu sou astrólogo
E conheço a história do princípio ao fim"

(Raul Seixas e Paulo Coelho)

Sumário

INTRODUÇÃO

A astrologia é um dos saberes mais antigos da Humanidade. Menções a ela são feitas em livros antiquíssimos de toda e qualquer ordem. Fala-se sobre Astrologia nas Escrituras Sagradas, na Odisseia de Homero e, até mesmo, nos primeiros historiadores. Astrologia e Astronomia, nas primeiras escolas científicas antes do cartesianismo, se misturavam. Podemos dizer, então, que a Astrologia é tão velha quanto o humano (quiçá mais velha, para alguns).

Sendo algo tão antigo, a Astrologia possui em seu vocabulário palavras que soam antiquadas ou fora de contexto no século XXI. Em tempos de linguagem mais simples, a dualidade do mundo era mais evidente. Assim, pegamos em livros de astrologia, definições como algo sendo "benéfico" ou "maléfico", "bom" ou "mau", entre outras antinomias.

Uma das ideias duais da astrologia que parecem causar algum incômodo atualmente é a questão das dignidades planetárias. Na Astrologia, cada planeta do mapa astral (logo, do mapa natal) possui um Regente. Este

Regente é um dos 12 signos cuja energia mais combina com o papel desempenhado por aquele planeta no mapa.

Quando um planeta está localizado em seu Regente, os astrólogos falam que este planeta está "em domicílio".

No entanto, os planetas podem estar em "exílio".

O professor e diretor da GAIA - Escola de Astrologia (São Paulo, Brasil), Robson Papaleo, bem define essa situação.

"Exílio é o Signo diretamente oposto ao seu domicílio, onde é necessário fazer-se um esforço para usar sua energia ou então adaptar-se à característica do signo ocupado. Diz-se também que está em Detrimento. Não muda sua expressão, mas fica tensionado. Mesmo assim não perde sua função, mas está modulado em tensão"[1] .

O professor Papaleo foi o primeiro a me chamar a atenção para as funções no mapa astral. Segundo sua formação, não existe mapa ruim. Cada um utiliza o mapa que tem e, se bem o utilizar, potencializa as tensões dos "malefícios".

---

[1] PAPALEO, R. "Apostila Básico/Fundamentos - Nível 1, Semestre 1 - GAIA: Escola de Astrologia", p. 53.

Assim, ao contrário do senso comum astrológico, onde se você possui um planeta em Exílio você está lascado, a ideia aqui é a possibilidade de um trabalho em negativo que faz aflorar potencialidades do ser.

Eu sempre fui um apaixonado pela ideia de Filosofia Negativa. Não só a leitura da Dialética Negativa de Theodor W. Adorno, mas a própria filosofia de Arthur Schopenhauer me atrai.

Conforme nos conta a história, Schopenhauer era a contraposição viva de Hegel e sua filosofia positiva (não confundir aqui com o Positivismo de Comte). Enquanto Hegel era popular, com aulas lotadas e cheio de seguidores, todos ouvindo sobre o Progresso do Espírito, Schopenhauer era aquele que tinha apenas uns cinco "gatos-pingados" em sua aula onde ele mostrava, inspirado pela filosofia oriental, de que a melhor ontologia não é pela investigação do ser, mas sim do "não-ser".

Inspirado por essa ideia de explicar o Exílio como uma potencialidade astrológica do "não-ser" dos planetas, reuni aqui neste livro sete crônicas de minha autoria falando das situações de exílio dos sete planetas astrológicos clássicos (Sol, Lua, Mercúrio, Vênus, Marte, Júpiter e Saturno).

Humberto Werneck definiu a crônica como "um gênero tipicamente brasileiro" e foi além:

"Da crônica se poderia dizer o que disse Mário de Andrade a respeito do conto: é tudo aquilo que chamamos de crônica. Quase tudo, de fato, cabe nesse rótulo ecumênico, da pequena peça de ficção ao poema em prosa, passando pela reflexão acerca de miudezas do cotidiano. A própria falta de assunto, volta e meia, vira assunto. O cronista, escreveu Carlos Drummond de Andrade, mestre também nessa arte, é alguém que "tem ar de remexer numa caixa de guardados, ou antes de perdidos". Com seu agridoce bom humor, Rubem Braga, o maior dos cronistas brasileiros, respondeu certa vez a alguém que lhe pedira uma definição do gênero: "Quando não é aguda, é crônica""[2].

Então, temos aqui sete "remexidos" (tal como diria Drummond) sobre os exílios planetários. Acredito que eles servirão tanto para aquele que quer aprender um pouco mais de Astrologia, bem como aquele que apenas quer uma

---

[2] WERNECK, H (org). *Boa Companhia*, São Paulo: Cia das Letras, 2005.

leitura para passar o tempo. É tanto "literatura" como "didática" em todas as combinações possíveis entre esses dois termos. E, antes de tudo, é um olhar vindo da Pós-Modernidade para um saber dos primeiros minutos da Humanidade.

Revolução nos palcos solares

Sempre achei estranho o Sol astrológico ter um exílio. Afinal, para o Ocidente, o signo solar se torna, para a maioria das pessoas, a grande síntese astrológica. Na verdade, quase uma grande desculpa para as idiossincrasias de cada um. "Ah, eu sou guloso porque tenho Sol em Touro". "Nossa, que bravo, você tem Sol em Áries". "Que pão-duro! Só podia ser capricorniano mesmo", entre outros mimimis.

Na teoria astrológica, o Sol está em Domicílio em Leão. Se o Sol é algo que pode ser comparado com as diversas concepções de Ego - desde a de Sigmund Freud àquela defendida por um Zé Ninguém em uma mesa de bar -, a ideia do Domicílio em Leão parece adequada. Afinal, não existe energia mais "egóica" do que Leão, mais "eu".

Se o Exílio é o signo diretamente oposto ao Domicílio, então o Exílio do Sol é em Aquário.

É interessante notar que o par de oposição Leão-Aquário é visto, em muitas interpretações astrológicas, como a oposição da Tradição leonina com a Revolução aquariana. "Revolução" é uma palavra boa para definir a energia de Aquário. Não só pela ideia tão divulgada do que seria a "Era de Aquário" que estamos aguardando desde o musical Hair em 1967 (e que só deve chegar em 2149 ou lá nos anos 2300 para os mais céticos).O próprio mito que inspira a constelação (e o signo) é uma história de Revolução:

"Ganimedes, o mais belo dos mortais, cuidava do rebanho de seu pai quando Zeus vendo-o se apaixona por sua beleza. Zeus transforma-se numa águia e o rapta, levando-o para o Olimpo, a morada dos deuses. Ganimedes passa a servir o néctar divino, o garçom dos deuses, e a água para os homens, o zelador da água potável. Por isso Ganimedes porta uma ânfora e tem uma função social." [3]

Assim, temos a imagem e o imaginário do signo. O "carregador de ânforas" do Zodíaco, que trocava vasilhames de tempos em tempos e mandava néctar divino à Humanidade ao invés da água potável.

---

[3] Retirado de http://eventosmitologiagrega.blogspot.com/2010/09/ganimedes-o-mito-do-signo-de-aquario.html

No entanto, alguns lugares listam o Mito de Prometeu como o "embasador" do signo de Áquario:

"*O mito de Aquário, por exemplo, é Prometeu, primo de Zeus e um titã que tinha o dom da profecia. Zeus, o rei de todos os deuses da mitologia grega, tinha uma certa inveja das habilidades que os homens tinham, e por conta disso, proibiu que os mortais se utilizassem do fogo. Prometeu sabia da importância do fogo para os homens e tinha consciência de que isso não os tornaria mais próximos dos deuses como Zeus temia. Sendo assim, ele roubou o fogo dos deuses e presenteou os homens com tal dádiva. Zeus ficou tão indignado com sua ação que o amarrou em um rochedo, isolado, e com uma águia que devorava diariamente um pedaço de seu fígado, até que ele se regenerava e ela repetia tal ato, seguidas vezes. Prometeu só foi salvo desta maldição eterna pois Hércules, em uma expedição, o encontrou e o salvou em troca de que o ensinasse a prever o futuro, o único poder que ele ainda não tinha.*

Assim como o mito de Prometeu, os nativos do signo de Aquário costumam ser destemidos e ir sempre em busca de justiça, inclusive protegendo os mais fracos e lutando por eles se preciso fosse. Aquarianos também são idealistas, constantemente à procura de uma vida que seja ainda mais prazerosa e diversificada." [4]

A "troca" do mito em alguns saberes astrológicos mostram o incômodo, a tensão, que é a energia de Aquário em seu ser. A mudança da explicação de Aquário de Ganimedes para Prometeu muitos se deveu à Astrologia Medieval e Renascentista que vivia em tempos sociais onde Ganimedes era considerado o mito da homoafetividade no Olimpo grego, do amor entre o mesmo sexo, logo devendo ser banido.

Assim, começa-se a delinear um pouco a Revolução que Aquário significa. De um lado, no "Ser" do Zodíaco, o Sol, o Leão é o regente com sua energia forte explicada por mitos masculinos "cis": o Leão de Nemeia, o Leão de Judá e, até mesmo, o Leão, o Rei da Floresta. De outro, o exílio é o "trans", aquele que transpõe barreiras e revoluciona o ser: o aquariano Ganimedes.

De uma maneira mais prática, é comum ouvir em resposta a tudo isso a seguinte questão: "É difícil ter o Sol

---

[4] Retirado de https://www.horoscopovirtual.com.br/artigos/os-mitos-de-aquario

em Aquário?". Ou seja, que categoria de tensão ao Ego que estamos falando aqui?

O fato do Sol está em exílio em Aquário, de maneira alguma, é uma dificuldade ou um malefício, para usar os termos astrológicos clássicos. Seu exílio significa uma ampla versatilidade do "ser" diante do ser "superlativo" que o regente solar Leão traz.

Gosto de exemplificar isso usando o exemplo de dois aquarianos do mundo dos palcos e cinema. O primeiro é bem conhecido no século XXI:

"Christian Bale ficou conhecido por suas transformações corporais. Apesar de ter ficado conhecido pelo seu físico em Batman, o ator não tem medo de perder ou ganhar peso – como fez mais recentemente para Vice, filme que lhe rendeu indicações. Aproveitando a recente revelação de seu visual bizarro como Gorr em Thor: Love and Thunder, relembramos 10 transformações absurdas do ator:

PSICOPATA AMERICANO: O filme colocou o ator no mapa. Para viver Patrick Bateman, que era psicopata narcisista, Bale decidiu ficar na melhor forma possível. Apesar de não ter sido um grande sucesso na época de público e crítica, o filme virou um clássico cult com o passar dos anos.

O OPERÁRIO: Em 2004, o ator aceitou o desafio de viver Trevor Reznik, protagonista de O Operário. Para esse filme, Bale fez uma dieta rigorosa ao longo de quatro meses e perdeu impressionantes 29 kg e baixou para 54 kg. Boatos dizem que o ator queria baixar até os 45 kg, mas os produtores o proibiram para preservar sua saúde.

BATMAN BEGINS: Um ano depois, o ator voltou a ganhar mais de 20kg para viver o Cavaleiro das Trevas. O ator voltaria a reprisar o papel mais duas vezes, mas isso não o impediu de se transformar.

O SOBREVIVENTE: Para viver o soldado que foi capturado durante a Guerra do Vietnã, o ator voltou para a casa dos 60 kg. Além de perder peso, o ator precisou comer minhocas de verdade para uma das cenas do longa.

BATMAN: O CAVALEIRO DAS TREVAS: Em 2008 o ator precisou voltar a ganhar peso e ficar forte para interpretar Bruce Wayne naquele que é considerado um dos melhores filmes do gênero de heróis da história.

O VENCEDOR: Em 2010 o ator realizou uma de suas melhores performances na telona ao interpretar Dicky Eklund em O Vencedor. Bale viveu um ex-boxeador viciado em drogas e voltou para a casa dos 60 kg. O filme lhe rendeu uma diversos prêmios, incluindo o Globo de Ouro e o Oscar de Melhor Ator Coadjuvante.

BATMAN: O CAVALEIRO DAS TREVAS RESSURGE: Apenas dois anos depois Bale fechou a trilogia do Homem-Morcego e, por isso, voltou a ganhar peso e retornou ao físico musculoso do Cavaleiro das Trevas.

TRAPAÇA: Apenas um ano depois o ator viveu Irving Rosenfeld em Trapaça, longa dirigido por David O. Russell. O ator chegou a pouco mais de 103 kg por conta do personagem e raspou parte de seu cabelo para parecer careca. "Eu comi muitos donuts, muitos hambúrgueres e qualquer coisa que estava no meu caminho", afirmou em entrevista à Revista People. O papel lhe rendeu indicações ao Oscar de Melhor Ator e ao Globo de Ouro de Melhor Ator de Comédia ou Musical.

A GRANDE APOSTA: O ator voltou a ficar forte para Êxodo: Deuses e Reis e, mais tarde, apareceu com seu peso normal como Michael Burry, personagem eu lhe rendeu novas indicações ao Oscar e ao Globo de Ouro de Melhor Ator Coadjuvante.

VICE: O ator voltou a ganhar peso para viver Dick Cheney neste longa dirigido por Adam McKay – com quem *também trabalhou em A Grande Aposta. O ator revelou que comeu "muita torta" para atingir o físico e, segundo o THR, Bale realizou uma série de exercícios para engrossar o seu pescoço para ficar mais parecido com o ex-vice-presidente dos EUA."* [5]

Nascido em 30 de janeiro de 1974, Christian Bale possui o Sol no 10º grau de Aquário. Na sua certidão de nascimento, emitida no País de Gales, não consta horário de nascimento, fazendo a maioria dos sites de astrologia colocando o horário como meio-dia (e não na alvorada do dia conforme outra tradição astrológica).

Apesar disso nos atrapalhar na verificação das casas e seus pontos relacionados (Ascendente, Meio do Céu), apenas a data e local de nascimento nos permite ver que, além do Sol, o Mercúrio e o Júpiter de Bale estão em Aquário, fazendo um "stellium sígnico" (não o clássico, composto por três conjunções) e, talvez, um stellium de casa. Se considerarmos o meio-dia como horário de jure, esse stellium estaria bem na casa 10, da carreira e dos

---

[5] Retirado de https://www.omelete.com.br/globo-de-ouro/vice-10-transformacoes-absurdas-de-christian-bale

negócios públicos, colocando o Sol, Mercúrio e o Júpiter de Bale em relação com o seu Meio do Céu.

O que isso significa? Que o ser aquariano (ou seja, o Sol) de Bale estará potencializado em sua comunicação (Mercúrio) e prosperidade (Júpiter) como forma de carreira (Meio do Céu e casa 10). Assim, ele usará seu ser aquariano para "ganhar a vida" através da comunicação.

A escolha de ser ator por Bale parece justa e não apenas isso. Um ator que se coloca a serviço de "revoluções" do seu ser, mostrada pela sua fisicalidade e jeitos de encenação tal como bem citamos (e podemos conferir em qualquer um de seus filmes).

Assim, Bale não é um ator fazendo um personagem, ele se torna o personagem. Isso é um pouco da energia "de exílio" de Aquário no Sol. O Sol em seu regente Leão é de afirmação do ser: "Eu sou assim, pronto acabou". Já o Sol no seu exílio em Aquário é de revolução: "Eu posso ser o que eu quiser". É uma revolução no palco solar, no palco do eu.

Curioso notar que Bale também opera com uma atitude que rejeita os holofotes da fama pelo seu trabalho.

"Em uma entrevista ao The Hollywood Reporter em 2013, Christian Bale falou sobre os primeiros dias da

carreira. O astro revelou ter começado a atuar porque "não havia razão para não fazê-lo". Inicialmente, Bale foi impulsionado pelo potencial de sustentar a família. No entanto, logo se viu comparando a carreira de ator a uma "prisão". Segundo conta o astro, a sensação de precisar continuar trabalhando quase matou o desejo de fazê-lo.

"[Atuar] se tornou algo que eu senti precisar fazer. Você não pode desfrutar de algo quando, na verdade, - não é forçado a fazê-lo -, mas sente aquele dever e a obrigação de que, se não o fizer, muitas pessoas irão sofrer. E assim se tornou isso, e sempre foi uma coisa de amor e ódio para mim por causa disso, sabe?" explicou.

Ele continuou: "Quando amo, amo. Quando odeio, simplesmente não consigo. É simplesmente nojento essa profissão movida a vaidade. Simplesmente não aguento. Não suporto as pessoas e odeio todas elas. E odeio os filmes, e não quero ver um filme de novo na minha vida. E então posso encontrar algo e dizer: 'Sim, esqueça tudo o que acabei de dizer. Quero voltar. Quero voltar para isso.' Mas é sempre assim para mim. É uma coisa muito preto e branco.""[6]

---

[6] Retirado de https://www.omelete.com.br/globo-de-ouro/vice-10-transformacoes-absurdas-de-christian-bale

Nota-se nessa fala todo os mecanismos do ser aquariano - presentes tanto no mito de Ganimedes como no de Prometeu - de compromisso com o Outro em detrimento do Eu (enquanto Leão seria o compromisso com o Eu em detrimento do Outro), bem como as lógicas de perpétua revolução e, até mesmo, indecisão, considerada a "sombra" de Aquário.

Poderia até falar mais sobre as sombras, no entanto, isso seria assunto não só para outro texto, mas para um outro texto para um outro livro.

Quem sabe, um dia?! Vou anotar aqui na lista.

Lágrimas de crocodilo na política lunar

A Lua é caracterizada como uma instância de nutrição, carinho e gentileza no mapa natal. Vinculada com a imagem que temos da nossa própria mãe, nutrida desde a gestação, a Lua mostra uma missão de vida inerente ao humano. Enquanto o Sol seria a energia de existência, a Lua seria a energia da doação e do recebimento.

Com essas características, os antigos astrólogos viam no signo de Câncer a regência da Lua. Apesar da palavra atualmente significar uma doença grave, a energia canceriana do zodíaco provém do seu mito do caranguejo (ou lagosta) de Hera (a mãe dos monstros que combatiam Hércules) ou da mãe de Aquiles, Tétis. Ambas são histórias de mães que deram tudo para receber o melhor para seus filhos (e pagaram o seu preço trágico, sendo a tragédia a sombra de Câncer).

Assim, sendo Câncer o signo mais "emotivo" do zodíaco, o seu oposto é o pragmático Capricórnio, sendo ele o exílio da Lua. O interessante é que o mito capricorniano que nomeia a constelação também é um mito de nutrição: trata-se da cabra amalteia que alimentou e cuidou de Zeus bebê em seu exílio diante de seu pai, Cronos. Dizem que essa cabra transformou sua parte traseira em uma cornucópia (estrutura em formato de concha, rabo de peixe) para alimentar sempre Zeus.

Como, então, Capricórnio é considerado um signo pragmático e exílio da Lua?

Isso se deve a uma cultura mais antiga que os gregos, de onde devem ter tirado, pelo menos parte, de sua astrologia: os hindus.

A astrologia védica, a Jyotisha, segue um calendário lunar, bem como seus signos. Eles são calculados de maneira sideral, ou seja, levando em conta os astros em si, não as estações do ano (tal como a astrologia ocidental, chamada de "tropical" por causa disso). Lá a constelação de Capricórnio e o signo que possui a mesma energia (porém poucos dias em comum aos signos ocidentais) é Makara.

Makara é um ser interessantíssimo na cultura Hindu.

"O Makara é um dragão híbrido com uma curiosa estrutura mítica. Simboliza a casa de Capricórnio no Zodíaco, à qual deu o nome de Makara no calendário hindu. Possui cabeça de crocodilo, chifres de cabra, corpo de antílope e cobra, cauda de peixe e pés de pantera. Makara é

metade animal, metade peixe e às vezes é descrito como tendo a cabeça de um elefante e o corpo de um peixe. Geralmente é grande e vive no oceano, e não em lagos ou riachos. Apenas Varuna, o governante espiritual do mundo, tem poder sobre Makara. É o veículo de Varuna na mitologia hindu." [7]

Assim, aquilo que os gregos viam no seu como uma cabra com rabo de peixe que se transformou em uma cornucópia para alimentar Zeus, os hindus viam um dragão híbrido que deixaria a mistura do ornitorrinco no chinelo. Como signo da Astrologia Védica, Makara compartilha as ideias que temos da energia capricorniana, muito mais próximo da ideia do mito hindu, onde Makara tinha os pontos fortes dos bichos de todos os habitats.

"Todos aqueles que estão sob a proteção de Makara podem contar também com a força e a proteção de Saturno, planeta designado como regente para todos sob a luz desse signo. A união de Saturno e Makara dá a estas pessoas a garra e a força de um verdadeiro trabalhador.

---

[7] Tradução de trecho retirado de https://en.wikipedia.org/wiki/Karava_heraldry

Quem conhece alguém orientado por Makara sabe que ele acredita, acima de tudo, no trabalho duro e na recompensa que o suor pode proporcionar. Makara é aquele tipo de pessoa tradicional, que não acredita muito no dinheiro fácil e nas fortunas que nasceram do dia para a noite.

Para ele, a recompensa só tem realmente valor quando vem de um grande esforço e empenho pessoal. O trabalho duro de forma alguma é amedrontador para esse signo – muito pelo contrário. Se ele acredita que seus esforços estão sendo recompensados, ele se entrega de corpo e alma ao desafio até que todos os obstáculos sejam vencidos.

(...)

Diferentemente de grande parte de seus irmãos de zodíaco, o signo Makara não é uma pessoa conhecida por sua sensibilidade. Ele procura ser sempre muito prático e tomar as decisões mais lógicas possíveis, evitando todo tipo de sentimentalismo. Esse não é propriamente dito um defeito desse signo, pois o Makara apenas tenta ter a atitude mais correta, justa e assertiva.

No entanto, nem todos o veem assim, e é comum que o Makara tenha uma imagem de uma pessoa fria e egoísta *por não levar os sentimentos das pessoas em consideração. Ainda assim, ele nunca deixa de ouvir o que o outro tem a dizer. Mesmo que discorde totalmente, ele sempre está aberto a outros pontos de vista."*[8]

Assim, ao contrário da imagem comum do sacrifício emotivo ao Outro de Câncer, Capricórnio se apresenta como um signo que defende o seu eu através de praticidade e trabalho. Isso deixaria a Lua em exílio pois é da natureza do planeta astrológico esta nutrição, este dar altruísta para um recebimento desinteressado.

Significa, então, que quem tem a Lua em Capricórnio, ou seja, no seu exílio, é um grande egoísta? Pode ser que sim, mas isso é uma visão muito simplista. A energia do dar e receber em Capricórnio é mais tensa e, por muitas vezes, esse altruísmo pode ser visto como maquiavélico (mesmo que não seja). São as famosas lágrimas de crocodilo, lembrando bem a estrutura física de Makara.

Nota-se que muitas figuras de poder político, que tomaram partido ao longo da História, possuem a Lua em

---

[8] Retirado de https://www.wemystic.com.br/signo-makara/

Capricórnio. Aliás, para muitos, Capricórnio em planetas pessoais (Sol, Lua, Mercúrio, Vênus, Marte, além dos pontos de Ascendente e Meio do Céu) cobra algo de liderança de seus influenciados no mapa astral natal.

Um exemplo bem interessante é de Abraham Lincoln, que tinha exílio tanto no seu Sol em Aquário como em sua Lua em Capricórnio.

"Lincoln se tornou um mito tanto quanto um homem. O Lincoln da lenda se tornou um deus multiforme que pode assumir uma forma que agrada a quase qualquer pessoa. Ele é o velho Abe e ao mesmo tempo um cavalheiro natural. Ele é o honesto Abe e, ainda assim, um ser de astúcia e astúcia sobre-humanas. Ele também é o Pai Abraão, o detentor da autoridade, o suporte dos fracos; e ele é um igual, um vizinho e um amigo. Mas há um Lincoln malévolo também, e para muitos sulistas da época da Guerra Civil e alguns críticos conservadores de hoje, Lincoln é o assassino perverso da liberdade e dos direitos dos estados e o pai do estado nacional que controla tudo." [9]

---

[9] Tradução de trecho retirado de https://www.britannica.com/biography/Abraham-Lincoln

Se aqui é fácil de ver a energia aquariana do Sol em exílio, fazendo impossível de se definir o "ego" de Lincoln, também se nota que boa parte do trabalho pela Humanidade feito por Lincoln (sua luta pela Abolição da Escravidão, a busca pela igualdade na defesa da União na Guerra Civil Americana) é visto como maquiavélico (astúcia para além de sua dita honestidade) ou mesmo como vilania, até hoje, para conservadores do Sul dos Estados Unidos. Nota-se a ironia de que o republicano Lincoln é admirado pelo Partido Democrata e rechaçado pelo Partido Republicano nos dias atuais.

É interessante avaliar dois pontos da reputação de Lincoln que possui interferência de sua Lua exilada em Capricórnio:

*"A reputação de Lincoln começou a crescer enquanto ele ainda estava vivo. No meio da Guerra Civil, por exemplo, o Washington Chronicle encontrou uma semelhança entre ele e George Washington em seu "julgamento seguro", "equilíbrio perfeito de faculdades perfeitamente sólidas" e "grande calma de temperamento, grande firmeza de propósito, princípio moral supremo e patriotismo intenso. "
O Buffalo Express se referiu a sua "moderação notável e*

liberdade de amargura apaixonada" e, em seguida, acrescentou: "Não acreditamos que o próprio Washington fosse menos indiferente ao exercício do poder pelo poder". Um jornal inglês, o Liverpool Post, sugeriu que "nenhum líder em uma grande competição teve tão poucas chances de ser objeto de adoração ao herói como Abraham Lincoln", se alguém fosse julgar apenas pela aparência. Seus longos braços e pernas, sua figura grotesca, tornavam-no muito fácil de caricaturar e ridicularizar. "Ainda assim", concluiu este jornal, "um adorador de heróis humanos pode possivelmente viajar muito mais longe e se sair muito pior para um ídolo do que selecionar este mesmo americano esguio." Suas qualidades interiores - sua fidelidade, honestidade, resolução, perspicácia, humor e coragem - iriam "percorrer um longo caminho para se tornar um herói", seja qual for a aparência pessoal do homem."[10]

Primeiro é essa imagem de julgamento seguro e de temperamento que pouco imaginaríamos de um aquariano. E sua comparação é interessante com o pisciano

---

[10] Tradução de trecho retirado de
https://www.britannica.com/biography/Abraham-Lincoln

Washington, cujo Sol neste signo pouco diria a mesma coisa sobre segurança e temperamento.

No entanto, tal como Lincoln, George Washington tinha também a lua em exílio em Capricórnio. Muito do que foi dito sobre Lincoln, parece valer para Washington:

"Os contemporâneos acham mais fácil descrever Washington do que explicá-lo. Abigail Adams começou bem em ambos quando escreveu: "Ele tem uma dignidade que proíbe a familiaridade, misturada com uma afabilidade fácil que cria amor e reverência." (...) Washington aceita sua ausência de filhos com a mesma disciplina inflexível que governa toda a sua vida e que o isolou de quase todas as pessoas. "Seja cortês com todos, íntimo de poucos", ele pediu a seu sobrinho Bushrod, "pois a verdadeira amizade é uma planta de crescimento lento."

Como resultado, o homem mais famoso da terra tem poucas pessoas íntimas.

(...)

Ao esmagar a Rebelião do Uísque de 1794, o presidente colocou todo o prestígio acumulado no princípio de que, em uma república, as minorias insatisfeitas podem protestar pacificamente, mas não podem pegar em armas nem mesmo contra os atos oficiais mais impopulares. Finalmente, em seu famoso e muitas vezes incompreendido discurso de despedida, Washington deixou para trás um roteiro para a independência nacional genuína e um alerta atemporal sobre os excessos do partidarismo político.

(...)

Resumindo, George Washington era o líder forte de uma nação fraca. Sua visão da república americana foi, em muitos aspectos, uma extensão de seu próprio caráter. Por ter creditado a severa autodisciplina ao realizar seu destino pessoal, ele abraçou um governo enérgico como o único meio de proteger o sindicato americano de se separar. Por equilibrar o vigor executivo com a contenção pessoal, ele nos deu um governo forte o suficiente para liderar e sábio o suficiente para ouvir."[11]

Os dois presidentes americanos (talvez os dois maiores da história dos Estados Unidos) eram austeros, cujo altruísmo (e gentileza) eram vistas como cálculo político. Os

---

[11] Tradução de trecho retirado de
https://www.archives.gov/publications/prologue/1994/spring/george-washington-1.html

confederados diziam que Lincoln não chorara a morte do filho e não era de atos de caridade, sendo que foi descoberto nas eulogias após seu assassinato todo o sofrimento que a morte causara nele e na esposa, bem como testemunhos de atos desinteressados pelo "Honest Abe". Os ingleses, inclusive o Rei, diziam que Washington recusara salários na Presidência do recém-independente Estados Unidos para se tornar um tirano, sendo que ele recusou um terceiro mandato, criando um precedente quebrado apenas por Franklin Delano Roosevelt.

São esses atos de "incompreensão" do altruísmo que o exílio da Lua em Capricórnio traz. Eles parecem mais fortes ainda, para ficar em um exemplo político, quando no mesmo mapa há o exílio da Lua em Capricórnio e a regência leonina no Sol. Esse é o caso de Napoleão Bonaparte que, dependendo das orbes do cálculo dos aspectos do mapa, poderia indicar uma oposição entre os dois planetas.

Ora, Napoleão é o grande exemplo de Sol leonino. O Imperador, o conquistador, aquele acima de todos que tirou a coroa da mão do Papa para se auto coroar. No entanto, há relatos de grande altruísmo e generosidade de Napoleão que nunca foram vistos como tal.

""Costuma-se dizer que a criança é o pai do homem. Quando menino, Napoleão era combativo e mal-humorado, mas tinha um notável senso de justiça e uma forte lealdade para com sua família. Ele também era muito aberto. Cronin comenta que: "Ele tinha uma natureza generosa e compartilhava seus brinquedos e doces com outras crianças sem pedir em troca". Muitas bobagens foram escritas sobre Napoleão ter poucos amigos. Na verdade, ele teve muitos amigos ao longo de sua vida e nunca os esqueceu. Acima de tudo, ele nunca esqueceu a gentileza demonstrada para com ele. Eleanor Roosevelt disse que: "A base de todo bom comportamento humano é a gentileza." Napoleão sabia disso instintivamente e, em muitas ocasiões, demonstrou-o com grande liberalidade e genuíno calor pessoal. (...)

Eventualmente, ele fez de seus irmãos e irmãs reis, rainhas, príncipes e princesas. José, o mais velho, tornou-se rei de Nápoles e depois rei da Espanha. Napoleão tinha orgulho de sua família, embora todos o tenham decepcionado de uma forma ou de outra. Joseph, por exemplo, abandonou Paris em um momento crucial em 1814, deixando a cidade nas garras intrigantes de Talleyrand. Como sempre, Napoleão perdoou seus irmãos. Ele disse a Las Casas em Santa Helena: "José seria um *ornamento para a sociedade onde quer que residisse; Lucien, um ornamento para qualquer assembleia política; Jerônimo, se tivesse anos de discrição, seria um excelente governante; Eu tinha grandes esperanças por ele. Louis teria sido popular e um homem notável em qualquer lugar. " (...)*

Mesmo aqueles que o traíram falaram da generosidade de Napoleão. Elting menciona que: "Em suas "Memórias de Judas", Marmont confessou que Napoleão nunca se esqueceu de qualquer gentileza prestada ou serviço prestado a ele." (...)

A relação que Napoleão tinha com o soldado comum é lendária. Em uma revisão, um cabo da Guarda deu um passo à frente e pediu a seu imperador um adiantamento de 300 francos em benefício de sua mãe doente. Napoleão sugeriu 1.000 francos em vez disso, na forma de uma ordem do tesouro. Sendo a burocracia francesa o que era, sua velha mãe poderia estar morta muito antes de ver uma parte dela que o cabo deduziu. Com alguma linguagem escolhida, o imperador de 20 milhões de franceses e o suserano de dezenas de milhões de outros, cavou em seus próprios bolsos, agarrou um punhado de moedas de ouro e disse-lhe para ir embora.

Antes de morrer, Napoleão se lembrou de todos em seu testamento que já lhe haviam feito um favor e de todos os filhos e famílias daqueles que morreram a seu serviço. E com o maior autocontrole, tolerância e generosidade, quando ainda no comando de seus vastos domínios, ele se recusou a executar homens como Talleyrand, Fouché e Bernadotte, egoístas, gananciosos traidores que não eram dignos de estar na mesma sala como ele. Mesmo tendo evidências de sua traição e jogo duplo, Napoleão os deixou viver. Porque? Porque Bernadotte era casada com Desiree Clary a quem Napoleão uma vez amou, e sua irmã era casada com seu irmão Joseph - então "Pretty-Legs" Bernadotte era um membro de sua família e ganhou abrigo com isso. Talleyrand já fora seu amigo e o ajudara no início de sua carreira. E mesmo Fouché que, mantido em confinamento solitário em uma sala trancada teria começado a tramar e conspirar, cumpriu seu dever na ocasião.

Então, Napoleão segurou sua mão - e aqueles três o derrubaram." [12]

---

[12] Tradução de trecho retirado de
http://nicolequinnnarrates.blogspot.com/2012/08/napoleons-acts-of-generosity-and.html?m=1

O trecho acima mostra a perfeita união de Sol e Lua, luz e sombra, em sua potencialidade. O Sol leonino, regente, que conquistou a Europa e a Lua capricorniana, em exílio, cujo altruísmo sempre o colocou em becos sem saída (especialmente pela quase oposição entre esses dois planetas).

Assim, tal como estávamos falando, havia dois pontos da reputação de Lincoln que era vista. O primeiro, bem analisado junto aos mapas e personalidades de Washington e Napoleão, era a força capricorniana diante do Sol. O segundo é a influência do exílio capricorniano na Lua no corpo.

A Lua também indica o nosso corpo físico, especialmente a imagem dele. E, curiosamente, esses três grandes líderes eram vistos, tal como Makara, como aberrações físicas. Abraham Lincoln era alto demais e magro demais, cadavérico segundo alguns. George Washington era banguela, boca frouxa e usava uma dentadura de madeira. Napoleão, rei da Europa, quanto mais poder ganhava, mais se falava o quanto ele era careca e baixinho (mesmo medindo na média do homem francês na época).

São situações como essa, de altruísmo mal visto e de críticas superdimensionadas ao corpo, que o exílio da Lua em Capricórnio parece indicar. Claro que, para muitos, esta energia tensa parece, tal como nos dizeres antigos, "maléfica". Notem, no entanto, o quanto que foi essa mesma energia que ajudou, nos bastidores, os poderes políticos alcançados, bem como o legado que faz a gente continuar debatendo essas vidas séculos após sua morte.

O Sísifo mercuriano

No mapa natal, Mercúrio indica as formas de comunicação e expressão vinculadas ao indivíduo. A escolha do mito de Mercúrio para esse tipo de energia, vinculada ao planeta, está na própria característica de Hermes.

Hermes não era só o mensageiro dos Deuses, mas também o mensageiro entre mundos. O deus da diplomacia e da velocidade. Não é à toa que vemos ele não só como símbolo dos correios, mas em tudo que indica uma energia de troca (companhias elétricas, instituições financeiras).

É no lidar dessa dualidade entre "dois" mundos que Mercúrio está posto. Podemos até lembrar do "metal líquido" que recebe esse nome em algumas línguas, tal como a portuguesa.

O regente de Mercúrio é Gêmeos, um signo de energia de coexistência de dualidades, de comunicação, de expressão e de certa diplomacia (não tanto quanto Libra, talvez). Logo, no oposto do Zodíaco, o exílio de Mercúrio está na energia impulsiva de Sagitário.

Por ser um planeta muito grudado ao Sol no sistema Solar, ele também fica grudado ao Sol no mapa astral.

Sempre o Mercúrio está em três posições possíveis: no signo do Sol, em um signo antes ou em um signo depois.

Assim, aqueles que possuem Mercúrio em Sagitário possuem Sol ou em Sagitário ou em Escorpião ou em Capricórnio. O que significa essa energia "tensa"?

Sagitário é conhecido pelo seu mito, melhor pela classe do seu mito: os centauros.

"Os Centauros são seres míticos da mitologia grega cujo corpo é formado por parte de um homem - que corresponde ao tronco, braços e cabeça - e o restante do corpo de um cavalo. Eles representam o instinto animal em junção com a inteligência humana, metáfora das ações dos homens numa situação de perda de controle. Essas criaturas vivem em florestas e montanhas e se alimentam de carne crua. Apresentam muita energia física e aparecem, geralmente, em bando. A simbologia dos centauros se opõe, pois, tanto podem ser delicados e encantadores como ignorantes e agressivos." [13]

---

[13] Retirado de https://www.todamateria.com.br/centauros/

Assim, a energia de Sagitário é impulsiva e de uma dualidade de instabilidade, ao contrário da diplomacia e dualidade de estabilidade de Gêmeos. O exílio sagitariano em Mercúrio assim traria um tensionamento na expressão, um "desmedir", um "sem jeito" com as palavras. Ao invés de ser coerente com a situação, o exílio de Sagitário em Mercúrio provoca a incoerência como forma de revolução (sendo assim próximo do exílio aquariano do Sol).

Mercúrio em Sagitário pode ser bem definido por uma famosa frase: ""A única maneira de lidar com um mundo não livre é se tornar tão absolutamente livre que sua própria existência é um ato de rebelião".

O autor dessa frase é o filósofo franco-argelino Albert Camus. Aliás, a própria filosofia de Camus é uma síntese do que queremos aqui analisar. E, não é à toa, o escorpiano Camus possui Mercúrio nos primeiros graus de Sagitário.

Albert Camus era fascinado pelo mito de Sísifo, dedicando um livro à sua investigação. Apesar do nome ser notório, poucos sabem da história de Sísifo na mitologia grega.

"A história de Sísifo. Mestre da malícia e da felicidade, ele entrou para a tradição como um dos maiores ofensores dos deuses.

Segundo Higino, ele odiava seu irmão Salmoneu; perguntando a Apolo como ele poderia matar seu inimigo, o deus respondeu que ele deveria ter filhos com Tiro, filha de Salmoneu, que o vingariam. Dois filhos nasceram, mas Tiro, descobrindo a profecia, os matou. Sísifo se vingou.

Segundo Pausânias, ele tornou-se rei de Corinto após a partida de Jasão e Medeia; nesta versão, Medeia não matou os próprios filhos por vingança, mas escondeu-os no templo de Hera esperando que, com isso, eles se tornassem imortais. Sísifo casou-se com Mérope, uma das sete Plêiades, tendo com ela um filho, Glauco. Ele também teve outros filhos, Ornitião, Tersandro e Almus.

Certa vez, uma grande águia sobrevoou sua cidade, levando nas garras uma bela jovem. Sísifo reconheceu a jovem Egina, filha de Asopo, um deus-rio. Mais tarde, o velho Asopo veio perguntar-lhe se sabia do rapto de sua filha e qual seria seu destino. Sísifo logo fez um acordo: em troca de uma fonte de água para sua cidade, ele contaria o paradeiro da filha. O acordo foi feito e a fonte presenteada recebeu o nome de Pirene.

Assim, ele despertou a raiva do grande Zeus, que enviou o deus da Morte, Tânato, para levá-lo ao mundo subterrâneo. Porém o esperto Sísifo conseguiu enganar o enviado de Zeus. Elogiou sua beleza e pediu-lhe para deixá-lo enfeitar seu pescoço com um colar. O colar, na verdade, não passava de uma coleira, com a qual Sísifo manteve a Morte aprisionada e conseguiu driblar seu destino.

Durante um tempo não morreu mais ninguém. Sísifo soube enganar a Morte, mas arrumou novas encrencas. Desta vez com Hades, o deus dos mortos, e com Ares, o deus da guerra, que precisava dos préstimos da Morte para consumar as batalhas.

Tão logo teve conhecimento, Hades libertou Tânato e ordenou-lhe que trouxesse Sísifo imediatamente para as mansões da morte. Quando Sísifo se despediu de sua mulher, teve o cuidado de pedir secretamente que ela não enterrasse seu corpo.

Já no inferno, Sísifo reclamou com Hades da falta de respeito de sua esposa em não o enterrar. Então suplicou por mais um dia de prazo, para se vingar da mulher ingrata e cumprir os rituais fúnebres. Hades lhe concedeu o pedido.

Sísifo então retomou seu corpo e fugiu com a esposa. Havia enganado a Morte pela segunda vez.

(...) Sísifo morreu de velhice e Zeus enviou Hermes para conduzir sua alma a Hades. No tártaro, Sísifo foi considerado um grande rebelde e teve um castigo, juntamente com Prometeu, Tício, Tântalo e Íxion.

Sísifo recebeu esta punição: foi condenado a, por toda a eternidade, rolar uma grande pedra de mármore com suas mãos até o cume de uma montanha, sendo que toda vez que ele estava quase alcançando o topo, a pedra rolava novamente montanha abaixo até o ponto de partida por meio de uma força irresistível, invalidando completamente o duro esforço despendido.

Por esse motivo, a expressão "trabalho de Sísifo", em contextos modernos, é empregada para denotar qualquer tarefa que envolva esforços longos, repetitivos e inevitavelmente fadados ao fracasso - algo como um infinito ciclo de esforços que, além de nunca levar a nada útil ou proveitoso, também são totalmente desprovidos de quaisquer opções de desistência ou recusa em fazê-lo." [14]

---

[14] Retirado de https://pt.wikipedia.org/wiki/S%C3%ADsifo

A abordagem de Camus era voltada menos no astuto Sísifo, mas sim no Sísifo em seu trabalho punitivo.

"Albert Camus parte desse mito grego para desenvolver um ensaio filosófico intitulado precisamente: "O mito de Sísifo" . Nele ele desenvolve um conjunto de ideias associadas ao conceito de absurdo e futilidade da vida. Aspectos determinantes no destino de Sísifo são tão característicos do homem hoje. Camus refere-se ao absurdo como a esperança que fundamenta o amanhã, como se não houvesse certeza da morte. O mundo, despojado de romantismo, é um território estranho e desumano.

(...) Segundo Camus, os deuses haviam condenado Sísifo a carregar constantemente uma pedra até o topo de uma montanha. Lá, a pedra caiu novamente sob seu próprio peso. Eles pensaram, com algum fundamento, que não há punição mais terrível do que trabalho inútil e sem esperança.

Para Camus, levar o absurdo a sério significa aceitar a contradição entre razão e desejo, em um mundo irracional. Portanto, o suicídio deve ser rejeitado, pois o absurdo não existe sem o homem.

Desse modo, a contradição deve ser vivida e os limites da razão devem ser aceitos sem falsas esperanças. O absurdo nunca deve ser totalmente aceito, pelo contrário, exige ser confrontado com uma rebelião constante. Assim, a liberdade vence.

(...) Reconhecer a verdade é a maneira de conquistá-la. Sísifo, como um homem absurdo, mantém a tarefa de seguir em frente. No entanto, quando Sísifo consegue reconhecer a futilidade de sua obra e tem certeza de seu destino, ele se liberta para perceber o absurdo de sua condição." [15]

Assim, além de filosófico, seu livro seria uma forma pedagógica de como lidar com a vida

"[Há] a relevância pedagógica da filosofia da não significação de Albert Camus, especialmente em O mito de Sísifo. O eixo argumentativo segue a última frase do referido livro: "É preciso imaginar Sísifo feliz". A certeza da existência e a estranheza de se inserir num cenário de catástrofe, sem esperança, suscita em estudantes, especialmente da rede pública, um "sentimento de absurdidade", mas esse estado não há de ser visto como maldição. A liberdade

---

[15] Retirado de https://www.psicanaliseclinica.com/o-mito-de-sisifo/

paradoxalmente advém quando se assume o absurdo como meio de se afirmar a vida, contra os suicídios físico e filosófico, tornando Sísifo o "herói absurdo". Camus atribui ao pensamento de Søren Kierkegaard a proposta do suicídio filosófico, como sacrifício do intelecto pelo salto kiekegaardiano da fé, porque ele entende a felicidade encontrada na vida eterna como uma superação e cura da doença mortal do desespero. O esforço dialético de autorreflexão da consciência entre o finito e o infinito faz da resignação infinita uma preparação para o salto da fé. Para nosso autor, porém, o pior mal é não ter sofrido desespero, pois é a partir dele que imaginativamente o absurdo, como potência existencial, transfigura-se numa "revolta metafísica" — uma posição a ser desenvolvida no processo de ensino e aprendizagem de Filosofia"[16]

É interessante que essa abordagem da "não-cura do sofrimento" e de "resignação infinita" lembra o mito do centauro mais famoso de todos: Quíron.

---

[16] BARREIRA, M. "O MITO DE SÍSIFO DE ALBERT CAMUS E SUA RELEVÂNCIA NO PROCESSO DE ENSINO-APRENDIZAGEM DE FILOSOFIA". Conjectura: Filos. Educ., Caxias do Sul, RS, Ahead of Print, v. 24, e019015, 2019, p.1

"Nenhum outro mito encarna tão fielmente o simbolismo de Sagitário, quanto esse, que nos foi deixado pelos antigos gregos.

Quíron era o príncipe dos centauros – raça de imortais, metade homens, metade cavalos. Ele vivia na floresta da Arcádia, na Grécia e era respeitado por sua sabedoria. Foi professor de todos os heróis e semideuses da época, ensinando, com sua metade animal, as artes da guerra e com sua metade humana, a filosofia, religião, ética e medicina.

Certa vez, voltando de um dos seus trabalhos, Hércules, ao abraçar Quíron, sem querer deixou cair uma flecha envenenada que trazia consigo e, para desespero de ambos, feriu o centauro em uma das coxas. Desesperado de dor, ele se embrenhou na floresta em busca de um remédio, mas não o encontrou. Suplicou a Zeus, senhor do Olimpo, que o matasse, mas, como era imortal, isso não foi possível. A partir de então, ele viveu por muitos anos, orientando os guerreiros com a mesma dedicação, sem, contudo, encontrar a própria cura, tornando-se "um curandeiro ferido".

Um dia Zeus, em sua infinita bondade, compadecendo-se de tanto sofrimento, dedicação e *humildade, transportou o príncipe para os céus, transformando-o na constelação de Sagitário. Afinal ele havia conquistado a sua liberdade"*[17]

Quíron dos mitos e Sísifo de Camus são, em sua expressão, praticamente a mesma mensagem. Uma mensagem sagitariana cuja energia se torna "absurda" em Mercúrio. Se a regência geminiana em Mercúrio visa a clareza da expressão de uma lógica simétrica, o Mercúrio sagitariano é a impulsividade assimétrica, absurda, porém libertadora. Afinal, não há amarras do "bem-comunicar" de Gêmeos, apenas o "livre-comunicar" de Sagitário.

Se pararmos para pensar, para além de Quíron e Sísifo, o próprio Albert Camus em sua vida demonstrou isso, potencializando seu Mercúrio em Sagitário na construção de sua filosofia e de seu teatro, tornando o Existencialismo em um Absurdismo filosófico. Sua própria vida foi de assimetrias e de liberdades vinculadas ao mundo da expressão.

---

[17] Retirado de https://extra.globo.com/mulher/astros-dos-astros/o-mito-de-sagitario-24767782.html

"Em ALBERT CAMUS: UMA VIDA, o premiado jornalista Olivier Todd mostra como a vida privada do escritor foi conturbada, desde a juventude na Argélia até o acidente que tirou sua vida, passando pelas aventuras amorosas, a tuberculose e a briga com a intelectualidade francesa por conta de suas posições políticas.

"Fui colocado a meio-caminho entre a miséria e o sol", escreveu Camus em "O avesso e o direito". Ele nasceu em uma fazenda perto de Mondovi, no departamento de Constantina, na Argélia. Seu pai foi morto na batalha de Marne, em 1914. Uma infância miserável em Argel; a tuberculose que se declara precocemente, e que, com o sentimento trágico que ele chama de absurdo, lhe desperta o desejo desesperado de viver. Passa a escrever, torna-se jornalista, dirige grupos de teatro e uma casa de cultura, faz política. Suas campanhas no Argel Républicain para denunciar a miséria dos muçulmanos têm como recompensa obrigá-lo a abandonar a Argélia. Durante a guerra na França, torna-se colaborador do jornal clandestino Combat.

Mas é o escritor que se impõe como um dos líderes de sua geração. Em Argel, publicara "Núpcias" e "O avesso e o direito". Erroneamente vinculado ao movimento existencialista, que atinge seu apogeu nos dias que se seguiram à guerra, Albert Camus escreve, na realidade, uma obra articulada em torno do absurdo e da revolta. Foi, talvez, Faulkner quem melhor resumiu o sentido geral de sua obra: "Camus dizia que o único papel verdadeiro do homem, nascido em um mundo absurdo, era o de viver, de ter consciência de sua vida, de sua revolta, de sua liberdade.""[18]

Essa outra frase de Camus - "Fui colocado a meio-caminho entre a miséria e o sol" - também pode ser um lema de Mercúrio em Sagitário de uma maneira mais astrologicamente imaginativa.

Basta compreendermos o que seria esse "meio-caminho".

Ora, Mercúrio, de fato, é um planeta pessoal muito próximo do Sol, podendo inclusive em um terço das vezes ser do mesmo signo do Sol. E o exílio é uma condição de "miséria" astrologicamente falando. Assim, entre o "Sol" e a "Miséria (exílio)", está um Mercúrio em Sagitário.

Falando assim é como se Camus soubesse sempre dessa condição sagitariana na expressão de sua vida. Não me parece difícil que ele, mesmo sem falar em termos

---

[18] Retirado de http://revistapandorabrasil.com/camus/umavida.htm

astrológicos, exprimiu isso muito bem em sua filosofia, atingindo não só os exilados mercurianos em Sagitário, mas um pouco da miríade que compõe a experiência humana.

A Mulher-Maravilha venusiana

Em uma das aulas de revisão da teoria astrológica que tive na GAIA - Escola de Astrologia (São Paulo, Brasil) como o professor João Henrique Bianco, foi conversado sobre regentes e exílios dos planetas e o exemplo escolhido foi Vênus.

Tentarei reproduzir aqui, com a maior fidelidade de sentido possível, a fala do astrólogo professor, mas devo confessar certa invencionice literária de minha parte:

"Vamos imaginar aqui Vênus. A deusa da beleza e do amor. É óbvio que o seu domicílio é o mundo da ponderação, da beleza, da arrumação de Libra. Imagina um palácio libriano onde tudo funciona e com incrível esteticidade. Vênus está lá, confortável com essa energia, a energia libriana. Por isso que Libra é o regente, o domicílio de Vênus. Mas imagina então essa mesma Vênus, de vestido lindo, e perfumada, no meio de um campo de batalha com sangue correndo por todos os lados. Essa é a energia ariana. Isso é Vênus no exílio. Ela tem que agir onde ela fica tensionada"[19]

---

[19] Baseado em uma das falas do Prof. Bianco durante uma das aulas de terça-feira de Dinâmicas em agosto de 2021.

Mal comecei a ouvir a descrição do exílio de Vênus em Áries e me veio à mente a imagem da Mulher Maravilha. Preciso ser honesto. Me vêm a imagem de Gal Gadot no primeiro filme da Mulher Maravilha em suas cenas do campo de batalha e como toda a beleza e a "esteticidade" do venusiano feminino não causavam nenhuma estranheza em uma guerra (tão ariana, tão masculina). Continuando a confissão, para mim, "Mulher Maravilha" (2017) não é só um dos melhores filmes de super-herói que já vi, mas também um dos melhores filmes de guerra e, sem dúvida, o melhor filme feito sobre a Primeira Guerra Mundial na minha humilde opinião.

Assim, me veio a ideia de fazer o mapa de Gal Gadot para entender essa energia vinda da personagem. Afinal, a própria imaginação do star system da atriz, uma israelense com treinamento militar, me parecia exemplar. E, de fato, era. A taurina Gal Gadot tem tanto Mercúrio como Vênus em Áries.

O exílio de Vênus em Áries é uma situação peculiar. Também pela proximidade de Vênus ao Sol, há um fechamento de possibilidades do mapa. Sempre o Mercúrio está em cinco posições possíveis: no signo do Sol, em um dos dois signos anteriores ou em um dos dois signos posteriores. Logo, aqueles que possuem Vênus em Áries possuem Sol ou em Áries ou em Aquário/Peixes ou em Touro/Gêmeos.

Assim, a energia do planeta Vênus, do gosto pela arte e beleza, das relações afetivas possui a expressão da energia diplomática de Libra, seguindo o ideal estético-filosófico de que a verdade não é só boa e justa, mas também bela. Logo, isso é tensionado, especialmente para os antigos astrólogos, pela "energicidade" de Áries, onde a verdade pode ser ruim, injusta e feia.

Nisso, parei para pensar o quanto que a Mulher Maravilha era uma quebra de paradigma da própria ideia de heróis e super-heróis que, nos quadrinhos, pareciam seguir as regras misóginas das odisseias gregas. Fui pesquisar a história de como a personagem foi criada e não me surpreendi o quanto ela foi articulada por diversos "arianos" para ser uma Vênus para novos tempos.

"Diana Prince, mais conhecida como Mulher Maravilha, nasceu em 1941, uma época em que a dominação absoluta de homens imperava na sociedade. As conquistas feministas eram poucas e muito recentes. Nos

Estados Unidos, por exemplo, as mulheres recém haviam conquistado o direito de votar e ocupavam o mercado de trabalho muito lentamente.

Tudo surgiu quando o psicólogo e criador da personagem, William Moulton Marston, resolveu utilizar os quadrinhos como um meio de comunicar para os mais jovens. Ele acreditava que as mulheres eram superiores aos homens e que iriam dominar o mundo. Então, Diana foi pensada para facilitar a implantação do matriarcado, inspirar as meninas a serem fortes e poderosas, além de demonstrar a força e o poder das mulheres.

A inspiração do autor veio de diversas mulheres que passaram pela sua vida (...) Martson foi casado com Sadie Elizabeth Holloway, que estudou na primeira faculdade para mulheres nos Estados Unidos – naquela época, instituições como Harvard não aceitavam mulheres. Holloway e suas amigas faziam parte da Liga do Sufrágio Igualitário, que batalhava por questões como igualdade, direito ao voto e controle da natalidade.

A relação e convivência de Martson com essas mulheres e a influência que elas tiveram na construção da Mulher-Maravilha é contada em The Secret History of Wonder Woman pela jornalista norte-americana, Jill Lepore, *que fez um trabalho de investigação sobre a personagem, mostrando como sua criação esconde uma história com forte conexão com a luta feminista pelos direitos das mulheres.*

Um dos documentos levantados por Jill, mostra o comunicado feito à imprensa no lançamento do quadrinho, em 1941: "A Mulher Maravilha foi concebida pelo Dr. Marston para estabelecer entre as crianças e os jovens um padrão de feminilidade forte, livre e corajosa; para combater a ideia de que as mulheres são inferiores aos homens, e para inspirar as meninas a terem autoconfiança para conquistas no atletismo, nas ocupações e nas profissões monopolizadas por homens, porque a única esperança para a civilização é a maior liberdade, desenvolvimento e igualdade das mulheres em todos os campos da atividade humana.""[20]

Resolvi, então, fazer o mapa de todos envolvidos. Claro que não esperava que todos tivessem Vênus em Áries tal como Gal Gadot, mas há curiosidades arianas muito interessantes.

---

[20] Retirado de http://atl.clicrbs.com.br/atlgirls/2017/06/20/a-historia-por-tras-da-criacao-da-mulher-maravilha/

A Mulher-Maravilha foi criada e roteirizada por William Marston com os desenhos feitos por H. G. Peter. O primeiro queria comunicar uma mensagem feminista de uma Vênus ariana. O segundo queria expressar por desenhos uma heroína que tivesse um ideal heroico de beleza cobrado apenas aos homens, ou seja, músculos. Vejo o mapa dos dois e encontro Áries exatamente na Comunicação: ambos possuem Mercúrio ariano.

Curioso notar que Peter só recebeu reconhecimento na criação da Mulher Maravilha muito depois. Será um "karma" do Saturno em Áries que ele tem? Curioso, mas não é o assunto aqui. Igualmente karmicamente curioso é ver que o Dr. Marston possui o Nodo Norte, a bússola cármica em Áries, tal como a energia do signo fosse sua missão de vida. Outra coisa que é assunto e tema para outro texto.

As duas mulheres que mais influenciaram Dr. Marston foi sua mulher Elizabeth. Eles faziam um trisal com outra feminista, Olive Byrne, dona da primeira clínica de saúde da mulher e de educação sexual feminina. Gerei o mapa das duas mulheres e vejo Áries na Lua em ambos mapas natais, indicando uma energia de nutrição vinda arianamente. Assim, a feminilidade delas e seu altruísmo são da lógica ariana.

Claro que interessante notar que elas foram a inspiração da Mulher Maravilha. E não só isso. Elas foram o pontapé de todo o movimento feminista que ecoa até hoje. Vemos também que Elizabeth Marston tinha o Júpiter em Áries, mostrando que essa energia era a essência também da busca de prosperidade dela. Não parece que à toa ela se engajou em um pioneirismo feminista.

Por fim, vejo o mapa do céu da publicação da primeira revista da Mulher-Maravilha, a All Star Comics número 8 da DC Comics. Não me surpreendi ao ver Marte em seu domicílio: Áries. Só que havia uma questão, ele estava retrógrado. Nada melhor para indicar o surgimento de uma personagem que pegaria uma subversão tanto dos ideais marcianos como dos ideais venusianos em uma sociedade conservadora.

Tudo indicava que a Mulher Maravilha é um exemplo de uma mitologia pós-moderna para representar a energia venusiana em Áries. Um exílio que indica um tensionamento de valores e que, muitas vezes, indica revoluções.

Estava satisfeito quando senti que faltava algo. Não tinha visto o mapa da primeira intérprete audiovisual da Mulher Maravilha, àquela que fez o personagem entrar de vez no imaginário através da TV: Lynda Carter.

Ao ver o mapa, logo sorri. Ela não só tinha a prosperidade (Júpiter) e a nutrição/feminilidade (Lua) em Áries, mas também o ponto da Fortuna, indicando a sua recompensa kármica através da energia ariana. De fato, Lynda Carter é daquelas atrizes que se misturaram ao personagem. Sua fortuna é a Vênus ariana da Mulher Maravilha.

Nesse dia, eu aprendi uma valiosa lição. O ser humano continua a criar mitos para explicar aquilo que não consegue teorizar. O exílio de Vênus em Áries, talvez, fosse uma dessas energias que mal se compreendia no começo do século XX. Assim, os quadrinistas, tal como gregos antigos, foram "poetas do mito" em seu tempo, sendo a Mulher Maravilha um dos melhores exemplos disso.

O Dalai marciano

Marte é um dos planetas mais desafiadores para ver os exílios. Com ele, na lógica da interpretação astrológica, se inicia um espelhamento nas questões de regência e exílio. Para a astrologia clássica, Marte, Júpiter e Saturno tinham, em seus regentes, os exílios dos planetas mais próximos (Sol, Lua, Mercúrio e Vênus). No entanto, ao contrário dos outros dois que são planetas sociais ficando em um mesmo signo por 1 ou 2 anos, Marte é ainda um planeta pessoal, atingindo uma grande variabilidade nos mapas astrais.

Assim, enquanto os exílios de Marte são os regentes de Vênus, a relação é também é simetricamente inversa entre Júpiter com Mercúrio e Saturno com o Sol e a Lua na Astrologia Clássica. Já na Astrologia Moderna - que inclui Urano, Netuno e Plutão - outra lógica de regência e exílio é posta, levando em conta que são planetas geracionais ficando no mesmo signo por períodos que cobrem décadas.

Voltando à questão marciana, por causa dessa situação de inversão, muitos astrólogos têm a tendência de explicar o exílio de Marte em Libra como se fosse a energia regente de Vênus na ação do planeta. Ou seja, toda a impulsividade, energicidade e, até mesmo, pulsão sexual de

Marte seria, em exílio, toda "esteticidade", beleza e diplomacia venusiana em Libra.

Apesar de indicar situações interessantes, até por causa da natureza da energia libriana, há uma perda de uma característica importante. Marte, de certo modo, indica a violência inerente ao ser humano.

Claro que a palavra violência é, especialmente nos tempos atuais, carregada de uma negatividade que demarca apenas um aspecto deste comportamento humano. No entanto, utilizamos a violência em situações que nem percebemos: ao triturar nossa comida com os dentes, ao esfregar as roupas para lavar, usos da força em esportes. Há psicanalistas, tal como Piera Aulagnier, que indicam essa relação de violência como fundante do sujeito logo bebê em sua relação com a mãe.

"O conceito de porta-voz trazido por Aulagnier descreve um espaço que é concomitantemente psíquico, social e cultural. É um espaço falante ofertado pela mãe, esta que é a porta-voz do seu infans (em latim, aquele que não fala). Segundo a autora, essa noção comporta duas dimensões específicas: a fala da mãe, que antecipa as necessidades do bebê com palavras que "acompanham,

comentam e predizem as atividades e pensamentos supostos do infans"; e os enunciados delegados a ela, já que ela fala em seu nome, "mas é ela que fala e que interpreta essa fala".

Desse modo, fica evidente como estar em relação é fundamental para que possa ocorrer o processo de metabolização das vivências sensoriais. Cabe ainda colocar que primeiramente o bebê não tem como contestar a fala da mãe, o que permite que haja uma harmonia entre o desejo desta e a demanda daquele. No entanto, esse encontro também carrega um risco: o desejo muitas vezes inconfessável da mãe de procurar manter-se sempre como "uma oferta contínua, necessária" à vida de seu filho.

Percebemos, então, como a relação mãe-bebê comporta uma linha muito tênue que separa o necessário do abusivo, ou da noção de violência secundária trabalhada por Aulagnier. Esta violência extensa e convincente pode ser ignorada tanto por quem a pratica quanto por quem é sua vítima. Se a violência primária é definida pela autora como uma ação psíquica que se impõe ao outro, possibilitando a atividade de pensar, no que concerne à violência secundária, temos o excesso como sua marca, procurando inviabilizar o movimento de mudança natural da vida. Seguindo esse ponto de vista, podemos afirmar que a violência, enquanto excesso, é mortífera e desagregadora, incidindo sobre o corpo, este que, primeiramente, funciona como mediador entre duas psiques e entre a psique e o mundo. O corpo é o primeiro espaço de relação do adulto com o recém-nascido."[21]

Assim, não é apenas dizer que o Marte em Libra é a ideia de "não-violência", ou seja, negação total da violência ou mesmo o exílio libriano de Marte o tornaria em uma espécie de "Vênus secundária" no mapa. É Marte em Libra promove a "não-violência" enquanto "não-ser" da violência e da impulsividade, uma marca de pensamento pelo negativo que encontramos na filosofia oriental e que cujo pensamento é disseminado "à maneira ocidental" por Schopenhauer.

Um mapa natal que parece exemplar nisso em suas atitudes públicas é do 14º e atual Dalai Lama, Tenzin Gyatso, um canceriano que tem Marte em Libra. Sendo a reencarnação do 13º Dalai Lama, Thubten Gyatso, que tinha Marte em seu regente Áries, o atual Dalai Lama teve que se

---

[21] Mariz, Nataly Netchaeva e Zornig, Silvia Maria Abu-Jamra "Violência precoce e constituição psíquica: limites e possibilidades de representação no corpo". Revista Latinoamericana de Psicopatologia Fundamental, v. 14, n. 3, 2011,

colocar diametralmente oposto em suas atitudes "de guerra diplomática" à sua vida passada.

"Thubtên Gyatso foi um reformador intelectual que provou ser um político hábil. Ele foi responsável por combater a expedição britânica ao Tibete, restaurando a disciplina na vida monástica e aumentando o número de funcionários leigos para evitar que um poder excessivo fosse colocado nas mãos dos monges.

O 13º Dalai Lama previu antes de morrer:

"Muito em breve nesta terra (com uma mistura harmoniosa de religião e política), atos enganosos podem ocorrer de fora e de dentro. Nesse momento, se não nos atrevermos a proteger nosso território, nossas personalidades espirituais, incluindo o Pai e Filho Vitoriosos (Dalai Lama e Panchen Lama) podem ser exterminados sem deixar vestígios, a propriedade e autoridade de nossos Lakangs (residências de lamas reencarnados) e monges podem ser levados embora. Além disso, nosso sistema político, desenvolvido pelos Três Grandes Reis do Dharma (Tri Songtsen Gampo, Tri Songdetsen e Tri Ralpachen) desaparecerá sem restar nada. A propriedade de todas as pessoas, altas e baixas, será confiscada e as pessoas

forçadas a se tornarem escravas. Todos os seres vivos terão que suportar dias intermináveis de sofrimento e serão atingidos pelo medo. Essa hora vai chegar." "[22]

No entanto, apesar de uma previsão bem "Marte em Áries" do futuro do Tibete, o 13º Dalai Lama reencarna com um planejamento encarnatório, indicado pelo mapa astral, que é de exílio exatamente nesta habilidade de impulso, de guerra e de defesa. O irônico é que isso, que parecia "mal planejado", se tornou uma estratégia que tornou o Tibete conhecido mundialmente.

Em uma entrevista de 2019, o 14º Dalai Lama relatou um pouco de sua "marcianidade", que foi além da fuga dos da perseguição vinda do regime comunista chinês que começaram a restringir a liberdade tibetana. O relato feito à repórter Ann Curry, da National Geographic, relata algumas pequenas atitudes que vemos no Marte do mapa natal quando analisamos a psique humana:

"Por norma, o Dalai Lama prescinde das formalidades. Embora seja venerado pelos budistas

---

[22] Retirado de https://pt.wikipedia.org/wiki/Thubten_Gyatso

tibetanos como um ser sagrado, costuma dizer: "Sou um simples monge budista." Quando trava conhecimento com outro interlocutor, costuma fazer de imediato um comentário para transmitir que não existem barreiras que o separem, nem nenhum ser humano, do seu irmão mais próximo.

(...)

Nas seis décadas decorridas desde a sua fuga, o Dalai Lama visitou mais de sessenta países numa demanda destinada a preservar a cultura, a religião e a identidade tibetanas. A facilidade com que se relaciona com os outros, ao nível humano, é uma das razões pelas quais é profundamente admirado em muitas regiões do mundo, embora outrora fosse mal compreendido fora do Tibete. Ali, no seu reino situado no topo do mundo, os tibetanos prostrar-se-iam no solo mal o vissem, por crerem que ele é a reencarnação dos 13 Dalai Lamas anteriores: uma linhagem que existe desde o século XV.

(...)

O seu destino seria alterado por Mao Tsé-Tung, cujas forças invadiram o Tibete em 1950, um ano depois de o dirigente iniciar a revolução comunista que fundou a República Popular da China. O Tibete não estava preparado *para se defender das dezenas de milhares de soldados chineses que invadiram a capital. O governo tibetano retirou o Dalai Lama da cidade e levou-o para um refúgio, mas ele sentiu-se preocupado com o destino do seu povo e decidiu regressar, na esperança de conseguir negociar a paz.*

Tinha 19 anos quando se reuniu pessoalmente com Mao, em Pequim. Hoje, passadas várias décadas, diz que, após os seus encontros, Mao pareceu suavizar a maneira de falar e surpreendeu-o mesmo com conselhos, aparentemente generosos, sobre liderança. Ao regressar a Lhasa, conta, sentiu-se "cheio de confiança, expectativas e esperança" de que a paz fosse possível.

No entanto, os tibetanos sufocavam sob o jugo da China. Segundo um relatório de 1960, apresentado por uma Comissão Internacional de Juristas à Organização das Nações Unidas (ONU), "a tortura e o tratamento cruel e desumano foram infligidos aos tibetanos em grande escala". O mesmo relatório referia igualmente: "Há uma tentativa de erradicação da antiga cultura do Tibete e da sua religião."

Quando os tibetanos se insurgiram, as autoridades chinesas começaram a deter os lamas e funcionários dos níveis hierárquicos superiores. No dia 10 de Março de 1959, milhares de tibetanos, temendo que o Dalai Lama fosse igualmente detido, cercaram o Palácio de Verão em Lhasa e formaram um enorme escudo humano para protegê-lo. Recusaram-se igualmente a dispersar.

"Dei o meu melhor para tentar acalmar a situação", recorda o Dalai Lama, mas esta tornava-se "cada vez mais tensa".

Os chineses anunciaram a intenção de colocar tropas para proteger o palácio, mas o Dalai Lama assegura que existiam dúvidas sobre as suas intenções – iriam protegê-lo ou atacá-lo? Cargas de morteiro explodiram junto do edifício. Por esse motivo, no dia 17 de Março, ele decidiu que "não havia outra alternativa senão fugir".

(...)

Assim se iniciou uma fuga épica, através da cordilheira dos Himalaia. Inicialmente, o mundo não soube que o líder espiritual estava em fuga. Só depois de ele ter transposto a portela coberta de neve próxima de Lhasa, a 4.694 metros de altitude, numa pequena caravana onde também se encontrava a sua mãe, os funcionários chineses compreenderam que ele abandonara a cidade.

Em Lhasa, cerca de dois dias após a sua fuga, as tropas chinesas bombardearam o Palácio de Verão e dispararam metralhadoras sobre uma multidão. "Em 1976, o património cultural e religioso do Tibete, incluindo quase todos os mosteiros, jazia em ruínas", relatou a Comissão Internacional de Juristas em 1997. "Dezenas, senão mesmo centenas, de milhares de tibetanos foram assassinados." Escrituras budistas foram queimadas. Murais foram apagados. A imigração chinesa para o Tibete aumentou de forma dramática, segundo a Comissão. Grande parte da vida selvagem do Tibete e muitas das suas florestas foram destruídas. O idioma tibetano foi cada vez menos falado. Qualquer pessoa detectada com uma fotografia do Dalai Lama poderia ser detida.

(...)

A eliminação daquilo que torna o Tibete único está "totalmente errada", afirma o Dalai Lama, levantando a voz. "Eles não podem fazer isso. Têm de respeitar a cultura tibetana." E, acrescenta, os próprios arqueólogos da China descobriram provas de que o planalto tibetano é habitado por seres humanos desde a Idade da Pedra.

Apesar do sofrimento acumulado por observar à distância tudo o que vai acontecendo no Tibete, o líder espiritual tem recusado constantemente o encorajamento da violência. Quando lhe perguntam como é possível não reagir com ira e amargura, ele explica que os monges tibetanos são "formados de acordo com a tradição Nalanda e… tornamo-nos mais realistas… Todos os seres humanos [são] nossos irmãos e irmãs".

Enquanto deambulava pelo mundo em busca de uma solução diplomática, o Dalai Lama dirigiu apelos à ONU. Em 1987, apresentou um plano de paz em Washington e, em 1988, dirigiu-se ao Parlamento Europeu. Teve reuniões com vários líderes mundiais, entre os quais presidentes e membros do Congresso dos EUA e o papa João Paulo II, em prol do povo tibetano. Em 2001, visitou Portugal, proferindo uma conferência na cidade do Porto.

Numa das suas propostas à China, apresentou a "Via Intermédia", renunciando ao sonho da independência do Tibete em troca de uma autonomia mutuamente benéfica que preservasse a cultura tibetana. Recebeu o Prémio Nobel da Paz em 1989, mas não tem conseguido proteger o Tibete.

(...)

Passados todos estes anos, o Dalai Lama ainda sente saudades do mundo que deixou para trás, embora acredite que as antigas tradições budistas do Tibete não teriam sobrevivido se ele não tivesse partido.

Tem desenvolvido esforços para espalhar a sabedoria dessas tradições em todo o mundo, partilhando conhecimentos sobre a maneira de os seres humanos procurarem a felicidade e reduzirem o sofrimento. Refere-se frequentemente às ligações entre o budismo e a ciência moderna, citando trabalhos das duas disciplinas e demonstrando que a compaixão é benéfica para o nosso cérebro. Atualmente, o espírito tibetano "não está a morrer", diz. "Espírito tibetano muito forte." E, afirma, embora "tenha perdido uma casa pequena," ele "encontrou uma casa grande."

"Que casa?", perguntei.

Ele respondeu: "Todo o mundo." "[23]

Enquanto o 13º Dalai Lama notou, arianamente, a ameaça da guerra ao Tibete, o 14º Dalai Lama, librianamente, levou ela para outros palcos. Não foi apenas o uso da não-violência ou da diplomacia (que poderia ser uma marca de Marte em qualquer um dos signos de ar), mas sim buscar um avanço em palcos onde pouco se achava que poderia lutar essa Guerra.

---

[23] Retirado de https://nationalgeographic.pt/historia/grandes-reportagens/2220-dalai-lama-o-poder-da-esperanca-mantem-se

Assim, suas derrotas propriamente ditas no "hard power", conceito que designa a lógica bélica e de soberania das nações, são superadas em vitórias no "soft power" nas batalhas vencidas culturalmente. O Tibete, tal como bem colocou o próprio Dalai Lama, perdeu sua "pequena casa", o seu território autônomo e independente (até por "inocências" das relações de poder do próprio Dalai com a China), mas ganhou uma casa infinitamente maior que é a espiritualidade humana.

Essa é uma "arte da guerra" que apenas um Marte em Libra poderia executar.

O olho míope jupiteriano

Além de ser o maior planeta do Sistema Solar, os astrólogos antigos tinham uma grande fascinação pela energia de Júpiter. A energia jupiteriana seria uma energia plena, de prosperidade, abundância, uma grande representante da Divina Providência no mapa astral natal. Os trânsitos de Júpiter indicariam momentos de grande sorte e conquista na vida das pessoas e das nações. Por essas e outras, ele tem um apelido famoso na astrologia clássica: "O Grande Benéfico".

Júpiter é um planeta que fica mais ou menos um ano em cada signo do zodíaco. É um planeta social, tal como Saturno, que não tem tanta variabilidade nos mapas natais. Sua regência está no signo de Sagitário, logo seu exílio seria em Gêmeos. Isso o coloca em posição inversa a Mercúrio que, para alguns astrólogos especialmente com influências védicas, seria o "Pequeno Maléfico" (quase um Robin do Batman "Grande Maléfico" que é Saturno).

A energia sagitariana na regência em Júpiter é uma energia impulsiva, abundante, que não tem limites. Assim, o que seria o exílio em Gêmeos?

Alguns astrólogos são radicais a dizerem que Júpiter não traz nenhum malefício nos mapas natais ou em seus trânsitos. Nunca mesmo. Mesmo em posições tensionadas tal como o exílio e a retrogradação.

No entanto, isso sempre me intrigou. Se há exílio jupiteriano em Gêmeos, então algum tensionamento na providência é trazido. Então resolvi investigar. Abri uma tabela de efemérides e comecei a ver em que períodos de um ano, Júpiter está em Gêmeos.

Primeiro vi que estará lá para 2024, daqui a três anos. Como não estou me propondo a práticas divinatórias, resolvi olhar para o passado. A lista de anos me surpreendeu: final de 2012/começo de 2013, 2000, 1988, 1977, 1965, 1953, 1941, 1929...

Tive que parar de ver. Esses anos começaram a fazer uma curiosa conexão na minha mente historiográfica e tive que gerar mapas astrais de eventos. Eventos que foram chave na história dos Estados Unidos no seu lado "jupiteriano", vinculados à providência e à prosperidade. Iniciei uma investigação, digamos assim, de Astrologia Mundial.

Sempre achei os Estados Unidos de uma ampla energia jupiteriana. Isso mesmo antes de ver qualquer mapa astral vinculado à história do país. Provavelmente é por causa do reverso do Grande Selo dos Estados Unidos, o brasão do país com os dois lemas da nação

Assunto para diversas teorias da conspiração e de um livro de Dan Brown (e um filme com Nicholas Cage), o Grande Selo dos Estados Unidos apresenta o olho da Providência como a ponta de uma pirâmide cuja base indica a data da Independência dos Estados Unidos. Além da clara simbologia maçônica, o que chama atenção são os dois lemas do país, escritos em latim.

Ambos os lemas são, na verdade, versos do poeta romano Virgílio. O mais famoso dos dois (e mais alvo de polêmicas), Novus ordo seclorum, foi uma reconfiguração de uma passagem das Éclogas (versos 5 a 8 da Quarta Écloga) que faz referência direta ao Retorno de Saturno e à ideia de Virgem como representante da Justiça:

"Ultima Cumaei venit iam carminis aetas;

magnus ab integro saeclorum nascitur ordo:

iam redit et Virgo, redeunt Saturnia regna;

iam nova progenies caelo demittitur alto."[24]

"Agora é chegada o fim da era da canção de Sibila

Uma grandiosa ordem dos tempos nasceu fresca.

A Justiça retornou, o retorno do reino de Saturno

E uma nova linhagem foi enviada do Altíssimo" [25]

É curioso notar, fazendo o mapa astral do momento da assinatura da Declaração de Independência dos Estados Unidos, o Meio do Céu estava em Virgem. Isso não parece

---

[24] Retirado de
http://www.perseus.tufts.edu/hopper/text?doc=Perseus%3Atext%3A1999.02.0056%3Apoem%3D4
[25] Tradução livre em português realizada pelo autor.

um acaso. Todo o Grande Selo foi desenhado para pensar no indicativo da Providência e da Justiça, Júpiter e Saturno. Isso é até mesmo brevemente visto na justificativa oficial dada pelo designer do selo, Charles Thomson, em 1782:

""Reverso. A pirâmide significa Força e Duração: O Olho sobre ele e o lema aludem às muitas interposições de sinal de providência a favor da causa americana. A data abaixo é a da Declaração de Independência e as palavras sob ele significam o início da Nova Era Americana, que começa a partir desta data. " "[26]

Para reforçar a ideia de Providência, Charles Thomson também acrescentou o lema acima da pirâmide (ausente na primeira versão, também de 1782, de William Barton): Annuit cœptis, indicando que a "Providência favorece nossos empreendimentos", no caso, os empreendimentos da nação dos Estados Unidos. Também é uma referência a Virgílio, mas às Eneidas, mais precisamente ao livro IX, verso 625, onde há uma oração do personagem Ascânio a Júpiter:

---

[26] Tradução de trecho retirado da brochura "The Great Seal of the United States" publicada em 2004 pelo U.S. Department of State - Bureau of Public Affairs disponível em https://2009-2017.state.gov/documents/organization/27807.pdf

"Iuppiter omnipotens, audacibus adnue coeptis."[27]

"Todo poderoso Júpiter, favoreça meus audazes empreendimentos"[28]

Tendo Júpiter em conjunção ao Sol (seu ser, a alma da Nação) e à Vênus (seus relacionamentos, no caso de um país, diplomacia) no mapa astral da Declaração de Independência (o nascimento dos Estados Unidos), uma interpretação astrológica mundial diria que, sim, Júpiter está de olho nos Estados Unidos, com ampla relevância.

(Vale aqui um pequeno parêntesis sobre teoria astrológica. Para muitos, Sol, Vênus e Júpiter - além de Mercúrio - estão fazendo um stellium na casa 8 neste mapa natal dos Estados Unidos que é o mapa astral da assinatura da Declaração de Independência Americana. No entanto, alguns astrólogos descartam isso, pois, apesar das conjunções de Júpiter com Sol e com Vênus, não há conjunção de Vênus com o Sol e Mercúrio não forma

---

[27] Retirado de http://www.thelatinlibrary.com/vergil/aen9.shtml
[28] Tradução livre em português realizada pelo autor.

conjunção com nenhum dos três. Só essa leitura merece uma crônica à parte que não faremos aqui pois foge do assunto da crônica e do livro que ela está inserida, mas que de certo está na lista dos meus textos futuros)

Se Júpiter tem tanta influência nos Estados Unidos, o que seria a energia de Júpiter em exílio (ou seja, em Gêmeos) em seus trânsitos pela história dessa Nação?

Vamos retomar aqui duas coisas. Primeiro, a ideia de que Júpiter, seja em exílio ou retrógrado, nunca seria maléfico. Segundo, os anos do exílio jupiteriano em Gêmeos: 2013, 2000, 1988, 1977, 1965, 1953, 1941, 1929...

Aqui, temos questões muito tensas e tragédias lembradas até hoje na História dos Estados Unidos. No trânsito do exílio jupiteriano em Gêmeos, tivemos:

- 1929: Quebra da Bolsa de Nova York
- 1941: Ataque a Pearl Harbor
- 1953: Armistício da Guerra da Coreia
- 1965: Os Riots em Watts
- 1977: Blackout de Nova York
- 1988: O vírus cibernético Morris Worm

- 2000: A polêmica em torno da Eleição Presidencial de George W. Bush
- 2013: Atentado à Maratona de Boston

Em um primeiro momento, nos questionamos as benesses da Olho da Providência, ou seja, desse Júpiter. Os oito fatos elencados aqui são marcados por tragédias. No entanto, um olhar mais distanciado dos fatos - algo que é exigido de um historiador (e de um astrólogo que se propõe a fazer Astrologia Mundial) - demonstra a ambiguidade dessas tragédias e, pasme, frutos benéficos delas. São quase que exemplos do ditado popular: "Deus escreve certo por linhas tortas".

Eu explico melhor isso.

Em 1929, com Júpiter retrógrado em Gêmeos no grau 15, a Bolsa de NY abriu na Quinta-Feira Negra para provocar a maior quebra da economia mundial. Seus impactos na década não só atingiram os Estados Unidos, mas países inteiros que dependiam da circulação especulativa.

Foi o início da Grande Depressão, um dos momentos de maior pobreza nos Estados Unidos, surgimento de Nacionalismos em países europeus endividados (o que levaria ao nazifascismo e, à Segunda Guerra Mundial) e o início de políticas protecionistas de capital que, em alguns países, incentivou o surgimento de ditaduras (tal como a Revolução de 1930 e o Estado Novo de Getúlio Vargas).

No entanto, foi também graças à Quebra da Bolsa de Nova York que políticas de Bem-Estar Social começam a serem incorporadas ao capitalismo (New Deal de Roosevelt, por exemplo) e a busca de regulações contra um livre-mercado predatório, permitindo que o capitalismo se reinventasse e permitisse a ascensão econômica, de fato, dos Estados Unidos como potência a partir de 1950.

Fato esse, acerca da liderança dos Estados Unidos, que só seria completado graças à sua participação na Segunda Guerra Mundial. E, tal como bem se sabe, o país só entrou, apesar dos pedidos insistentes de França e Inglaterra desde 1939, quando foi atacado pelo Japão em Pearl Harbor em 1941, em uma manhã com Júpiter retrógrado em Gêmeos no grau 16.

"As grandes nações da Europa ocidental encontravam-se enfraquecidas economicamente, industrialmente e politicamente após a Segunda Guerra Mundial (1939-1945), pois o conflito devastou diversos

países. Nesse contexto se despontaram duas potências mundiais com ideais divergentes, Estados Unidos e União Soviética, ambas queriam expandir as influências de seus sistemas político-econômicos (capitalismo e socialismo) pelo mundo. Essa rivalidade, conhecida como Guerra Fria, perdurou até a queda do socialismo, em 1991.

Um dos principais motivos que conduziram os Estados Unidos a se despontarem como potência mundial foi o financiamento ou o empréstimo que a nação forneceu aos países europeus para a reconstrução das nações destruídas pela guerra, esse processo foi denominado de plano Marshall. Além da ajuda financeira, os Estados Unidos abasteceram de produtos industrializados na Europa e outros países que anteriormente mantinham relações comerciais com as potências europeias." [29]

Sem a Quebra da Bolsa de Nova York (que levou à consolidação mais estável do capitalismo nos Estados Unidos) e o Ataque a Pearl Harbor (que levou os Estados Unidos para a Segunda Guerra), não haveria o Plano

---

[29] Retirado de https://brasilescola.uol.com.br/geografia/o-nascimento-maior-potencia-mundial.htm

Marshall, ponto de nascimento dos Estados Unidos como Grande Potência Mundial que perdura até hoje.

Aliás, o Plano Marshall foi assinado pelo presidente Truman em 1948 quando Júpiter estava em Sagitário, seu regente. É como se os dois exílios anteriores em Gêmeos, tivessem preparado o país para este momento onde "Providência favoreceu nossos (audazes) empreendimentos".

O olho míope da Providência - digo, o exílio jupiteriano em Gêmeos - também promoveu diversas situações que ambiguidade está em jogo na historiografia.

Um exemplo é o Armistício da Guerra da Coreia em 1953, com Júpiter em Gêmeos no grau 17. Um armistício que parecia uma "derrota", mas que evitou que os Estados Unidos entrassem em uma crise tal como seria a Guerra do Vietnã (que merece uma análise astrológica a parte) e, de quebra, permitiu o surgimento da Coreia do Sul, um dos principais parceiros econômicos do país a partir dos 1980 e que, chegado os 2020, só aumenta seu poderio econômico e cultural.

Outro são os Riots em Watts, que ocorreu com Júpiter em Gêmeos no grau 24:

"Em 11 de agosto de 1965, Marquette Frye, um afro-americano de 21 anos, foi parado por dirigir embriagado. Depois que ele falhou em um teste de sobriedade, os policiais tentaram prendê-lo. Marquette resistiu à prisão, com a ajuda de sua mãe, Rena Frye, e um confronto físico se seguiu no qual Marquette foi golpeado no rosto com um bastão. Enquanto isso, uma multidão de curiosos se reuniu. Correram boatos de que a polícia havia chutado uma mulher grávida que estava no local. Seis dias de agitação civil se seguiram, motivados em parte por alegações de abuso policial. Quase 14.000 membros da Guarda Nacional do Exército da Califórnia ajudaram a suprimir o distúrbio, que resultou em 34 mortes e mais de US $ 40 milhões em danos materiais". [30]

O ano de 1965, com as manifestações de Selma e as proposições de luta contra o racismo, foram um dos mais importantes na vida política dos Estados Unidos, ecoando formas de luta que estão presentes até hoje com movimentos tais como o Black Lives Matter. Aliás, os protestos vinculados ao Black Lives Matter e outros (tais

---

[30] Tradução de trecho retirado de https://en.wikipedia.org/wiki/Watts_riots

como os de 1992 sobre o caso Rodney King) são tributários diretos de Watts:

"O fim da segregação no sul continuava muito presente na lembrança de muitos cidadãos durante os distúrbios de Watts. Além disso, apenas alguns dias antes havia sido aprovada a Lei do Direito de Voto, que eliminou o mecanismo que impedia os negros de votar. A raiva, o medo e a excitação agiram sobre Minters [Masai Minters, psicólogo e conselheiro da universidade UCLA, que tinha 15 anos na época dos riots] durante os dias infernais de revolta sob o grito de ordem de "Burn, baby, burn" ("Queima, baby, queima").

Mas o que mais o marcou foi a sensação de liberdade, força e orgulho que sentiu ao ousar enfrentar a polícia após anos de constantes controles nas ruas. "Esses distúrbios mudaram minha vida. 'Me comprometi mais a partir de então", afirma.

"Notamos um ar de mudança. Estávamos muito orgulhosos de sermos negros", declara Minters." [31]

---

[31] Retirado de
https://www.em.com.br/app/noticia/internacional/2015/08/15/interna_internacional
,678663/los-angeles-recorda-disturbios-de-watts-de-1965.shtml

Novamente, uma tragédia que se torna uma arma valiosa para a construção de uma sociedade mais igualitária, aumentando a prosperidade dos Estados Unidos. E essa ambiguidade do exílio em Gêmeos atinge até situações, no mínimo, inusitadas.

Por exemplo, o Blackout de Nova York em 1977, com Júpiter em Gêmeos no grau 22. Por 25 horas, a maior cidade dos Estados Unidos ficou às escuras e com todo o tipo de caos civil. Até hoje, é um fato lembrado como um dos dias onde a administração estatal ("civilizatória") falhou, promovendo a barbárie. No entanto, há uma consequência interessante sobre este fato:

"Há uma história popular de que, durante o blecaute, vários saqueadores roubaram equipamentos de DJ de lojas de eletrônicos, e isso ajudou a desencadear o gênero hip hop - mas a única evidência é a especulação de dois DJs antigos, DJ Disco Wiz e Curtis Fisher, que criaram a sugestão em entrevista a Jim Fricke e ao cineasta Charlie Ahearn, que a publicou em seu livro Yes Yes Y'all. Caz posteriormente expandiu de especulação para mitologia, dizendo em um artigo e podcast do Slate que, quando a energia caiu, ele e Wiz estavam tocando discos, operando seus equipamentos

em uma tomada em um parque. A princípio, eles pensaram que a interrupção era local e causada por algo que haviam feito, mas perceberam quando ouviram as lojas fechando que era em toda a cidade e aproveitaram a vulnerabilidade da comunidade para roubar uma mesa de mixagem de uma empresa local. "Fui direto para o lugar onde comprei meu primeiro conjunto de equipamentos de DJ e peguei um mixer de lá." [32]

Mesmo sem saber qual é o grau de verdade disso, é curioso notar o quanto o hip hop hoje é uma marca do poder cultural e econômico dos Estados Unidos.

"Mais de 30% de todos os fluxos de áudio e vídeo sob demanda nos Estados Unidos no ano passado [2020] foram de faixas gravadas por artistas de R&B e hip-hop. Isso está de acordo com as novas estatísticas do monitor da indústria MRC Data, compiladas com a Billboard.

No caso de streams de vídeo sob demanda, a categoria "R&B/hip-hop" na verdade reivindicou mais de um terço de todas as reproduções, 33,9%. Em termos de streams

---

[32] Tradução de trecho retirado de
https://en.wikipedia.org/wiki/New_York_City_blackout_of_1977

de áudio, "R&B/hip-hop" reivindicou 30,7% de todas as reproduções on-demand. E entre os streams de áudio e vídeo combinados, "R&B/hip-hop" reivindicou 31,1%.

Esses números surpreendentes significam que a categoria "R & B / hip-hop" aumentou sua participação de mercado no total de "vendas equivalentes de álbuns" nos EUA em 2020, que levam em consideração as vendas físicas, as vendas digitais e o streaming.

Em 2020, diz MRC Data (anteriormente Nielsen Music), "R&B/hip-hop" reivindicou uma participação de 28,2% do consumo total equivalente ao álbum. Isso foi tanto em 2019 (27,4%) quanto em 2018 (25,6%)."[33]

Igualmente parece uma ação do olho míope da Providência (o exílio jupiteriano em Gêmeos) quando em 1988, surgiu o "Morris Worm", em um Júpiter retrógrado em Gêmeos no grau 3.

"O worm Morris ou worm da Internet de 2 de novembro de 1988 foi um dos primeiros worms de computador distribuídos pela Internet e o primeiro a receber atenção significativa da mídia convencional. Também

---

[33] Tradução de trecho retirado de
https://www.musicbusinessworldwide.com/nearly-a-third-of-all-streams-in-the-us-last-year-were-of-hip-hop-and-rb-music

resultou na primeira condenação por crime nos Estados Unidos, de acordo com a Lei de Fraude e Abuso de Computadores de 1986. Foi escrito por um estudante graduado da Cornell University, Robert Tappan Morris, e lançado em 2 de novembro de 1988, a partir dos sistemas de computador do Massachusetts Institute of Technology.

(...)

O worm Morris às vezes é chamado de "Grande Worm", devido ao efeito devastador que tinha na Internet naquela época, tanto no tempo de inatividade geral do sistema quanto no impacto psicológico na percepção de segurança e confiabilidade da Internet.

(...)

O filme Hackers de 1995 apresenta um personagem principal que libera um ataque viral com várias semelhanças com o worm Morris: o evento ocorre em 1988, infecta mais de mil computadores, causa uma grande ruptura econômica e resulta na multa e na penalização de seu propagador liberdade condicional." [34]

---

[34] Tradução de trecho retirado de https://en.wikipedia.org/wiki/Morris_worm

O "Morris worm" mudou o campo da Internet para uma atividade que mereceria uma atenção mais concreta tanto para sua potencialidade financeira (intensificando os dois lados da segurança de rede), como para questões de infraestrutura.

Além disso, é também o começo da primeira notoriedade hacker. Após cumprir as punições do litígio, Robert Tappan Morris se tornou, tal como diversos jovens de sua geração, em um dos grandes nomes da Internet, sendo ele o criador da Viaweb, que possibilitou o surgimento da loja online, logo do comércio eletrônico (uma das principais atividades econômicas mundiais). Hoje Morris é um dos professores mais famosos do MIT, sendo um dos principais consultores das primeiras iniciativas de computação em nuvem no começo de 2006 com a Cisco.

No século XXI, já passamos por dois exílios de Júpiter em Gêmeos. E, ambos, possuem grande atenção na história recente dos Estados Unidos.

Em 07 de novembro de 2000, com Júpiter retrógrado em Gêmeos no grau 8, no começo da contagem das urnas em Miami, a história eleitoral dos Estados Unidos entraria em um dos seus momentos mais complicados:

"A disputa Bush versus Al Gore ocorreu em 7 de novembro de 2000. Bush era governador do Texas na ocasião e Al Gore era vice-presidente. A tensão começou quando as televisões, em uma disputa de quem daria o resultado primeiro, declararam um vencedor na Flórida, embora a diferença entre os dois candidatos fosse de apenas 0,5 ponto em um estado com valiosos 29 delegados.

As redes de televisão primeiro deram a Gore a vitória no estado-chave, depois a Bush. Al Gore chegou a parabenizar Bush, e estava a caminho de fazer o seu discurso de derrota, quando foi notada que a situação no estado não estava clara. Ele ligou novamente para Bush para retirar as felicitações e iniciou-se as batalhas. Tudo isso na madrugada de 7 para 8 de novembro. Logo em seguida, várias irregularidades foram denunciadas na Flórida, então governada por Jeff Bush, irmão do candidato republicano: uma urna foi encontrada em uma escola e milhares de votos foram invalidados no condado de Palm Beach, com população majoritariamente negra, entre outros.

A longa batalha legal começou após a alegação de Gore, em 9 de novembro, de conduzir uma contagem manual em quatro condados do estado, incluindo Palm Beach. No cerne da confusão, estava o fato de as máquinas de perfuração usadas em Palm Beach para contar os votos não marcaram bem as cédulas, saturando a comissão eleitoral que deveria decidir sobre a validade do voto.

Em 26 de novembro, a Flórida proclamou a vitória de Bush por uma diferença de 537 votos. Al Gore rejeitou o resultado, alegando que milhares de votos não foram contabilizados. Em 8 de dezembro, a Suprema Corte da Flórida decidiu a favor do candidato democrata, ordenando a recontagem manual de mais de 45.000 cédulas ignoradas pelas máquinas. No entanto, a Suprema Corte dos Estados Unidos interrompeu esse processo em resposta a um pedido de Bush.

Em 12 de dezembro, a máxima corte, em sua primeira intervenção em uma eleição presidencial, determinou que o prazo para a recontagem manual havia se esgotado, pois tinha expirado o prazo para os estados resolverem os conflitos decorrentes das eleições e indicarem seus eleitores no Colégio Eleitoral.

Assim, Bush foi eleito presidente por 271 votos do Colégio, um a mais que os 270 exigidos. Gore não chegou à Casa Branca apesar de registrar mais votos nacionalmente, algo que não acontecia desde 1888. O juiz da Suprema Corte, John Paul Stevens, que votou contra a decisão, disse:

"Embora a identidade do vencedor nunca seja conhecida com certeza total, a identidade do perdedor é perfeitamente clara: a confiança do país em seus juízes" [35]

Muito pode se questionar sobre esse caso, no entanto, a providência míope do Júpiter geminiano parece atuar em duas frentes: (1) que os Estados Unidos mantiveram sua força como potência militar diante dos casos de terrorismo dos anos seguintes graças à liderança de George W. Bush e que isso é um ponto-alto da Nação; e (2) que o precedente aberto por Al Gore impediu que Donald Trump tumultuasse de maneira mais efetiva em sua derrota para Joe Biden nas Eleições de 2020.

Igualmente no frescor dos tempos históricos está o atentado à Maratona de Boston, ocorrido com Júpiter em Gêmeos no grau 14:

"O atentado à Maratona de Boston de 2013 foi uma série de ataques e incidentes que começou no dia 15 de abril de 2013, quando duas bombas feitas com panelas de pressão explodiram durante a Maratona de Boston, o que

---

[35] Retirado de https://noticias.uol.com.br/internacional/ultimas-noticias/2020/11/06/eleicao-eua-2000-bush-al-gore.htm

causou a morte de três pessoas e feriu outras 264. As bombas explodiram com uma diferença de cerca de 12 segundos e estavam a 190 metros de distância uma da outra, perto da linha de chegada, na Boylston Street. Os irmãos chechenos Dzhokhar Tsarnaev e Tamerlan Tsarnaev foram identificados pelo FBI como os responsáveis pelo atentado". [36]

O impacto da Providência disso na história americana ainda deve ser melhor analisado pela historiografia, mas uma coisa nos parece certa de seu legado. É um dos eventos mais pesquisados sobre políticas públicas no mundo:

"Embora o bombardeio da Maratona de Boston tenha ocorrido há vários anos - em 15 de abril de 2013 - as reverberações do evento continuam a ser sentidas por famílias e cidadãos na cidade e em todo o mundo. Também se tornou um evento muito estudado por pesquisadores, pois forneceu uma visão única sobre como uma cidade do

---

[36] Retirado de
https://pt.wikipedia.org/wiki/Atentado_%C3%A0_Maratona_de_Boston_de_2013

século 21 poderia responder a um desastre urbano em tempo real.

Alguns fatores específicos do próprio evento claramente ajudaram a salvar vidas, e estes foram muito examinados: Como o ataque ocorreu em um evento de massa, o pessoal de emergência estava por perto no momento do ataque; Boston também tem um grande número de centros médicos, com pessoal qualificado e planos e procedimentos bem desenvolvidos em vigor. Mas há outros aspectos do evento que também valem a pena estudar, incluindo o desempenho das autoridades policiais e governamentais; a maneira como as tecnologias de comunicação operaram e informaram ou desinformaram o público; e outras facetas do evento relacionadas à caça aos autores dos atentados."[37]

Em 2024, haverá outro exílio de Júpiter em Gêmeos. Algo deve acontecer nos Estados Unidos cujo impacto apenas o olho míope da Providência revelará mais tarde.

---

[37] Tradução de trecho retirado de https://journalistsresource.org/health/boston-marathon-bombings-lessons/

No entanto, fica aqui uma boa reflexão sobre a natureza de Júpiter em trânsitos e no mapa natal.

Quando estamos falando sobre a natureza benéfica de Júpiter, nem sempre a prosperidade e outros elementos de sua energia vão se apresentar de maneira acintosamente positiva. Tal como posto nos exemplos em exílio em Gêmeos (com alguns apresentando retrogradação), essas situações foram mais postas, em um primeiro momento, como tragédias e/ou lições duras sofridas.

Assim, podemos pensar que Júpiter sempre escreve sua energia de maneira certa, mas com linhas tortas. E, para manter a nossa metáfora, o exílio jupiteriano em Gêmeos de fato é um olho míope da Providência. Afinal, em grego, míope quer dizer "visão curta". Ao vermos apenas a tragédia e a tensão que acontece no exílio, perdemos a perspectiva geral da prosperidade que foi desencadeada.

A imaginativa cobrança saturnina

Na Astrologia Clássica, Saturno era conhecido como o "Grande Maléfico", nomenclatura também utilizada por védicos e, até mesmo, por alguns astrólogos modernos.

"Saturno (Cronos), filho de Urano (Céu) e Gaia (Géia). A pedido da sua mãe, castra seu pai que impunha caos ao mundo. Toma posse do trono do mundo, casa-se com Réia (Cibele). Sua mãe ao vê-lo repetir as mesmas tiranias do pai, profetizou que um dos seus próprios filhos iria destroná-lo.

A partir disso Saturno passa a devorar seus filhos ao nascerem, engoliu Deméter, Hera, Hades, Héstia e Posídon. Réia já cansada de ver seus filhos sempre devorados, engana Saturno e quando nasce Zeus, ela dá ao marido uma pedra enrolada num pano. Assim, Saturno foi derrotado e destronado por seu filho, assim como fizera a seu pai.

Por este fato é conhecido por algumas pessoas, como o Senhor do Karma. É pura lei do retorno aplicada. (...) Astrologicamente, Saturno representa os limites e as definições. Ele nos desperta para nossas travas internas, com ele tomamos consciência daquilo que nos impede a iniciativa, do que nos emperra e nos deixa com a estranha sensação de que nada sai do lugar. (...) Psicologicamente, sua influência pode desenvolver uma avidez extrema ou também um desprendimento extremo. Sua função é a de libertar o indivíduo das paixões e do mundo dos instintos.

Muitas vezes é ele que está envolvido em circunstâncias penosas de nossas experiências. Por isso ele é conhecido como "O Grande Maléfico".

Conhecendo melhor seu mito e trabalhando sua energia, podemos abandonar esta definição de maléfico e percebermos como é importante e mágico o papel de Saturno. É ele que detém as chaves das nossas cadeias. E é com ele que podemos evoluir." [38]

Assim, de certa maneira, é interessante pensar sobre o exílio saturnino em Câncer. Saturno se coloca em relação inversa à Lua. Se na Lua há a energia de nutrição, em Saturno há a energia da falta. Se na Lua há a energia do dar-se, em Saturno há a energia do cobrar-se. Se o exílio lunar é

---

[38] Retirado de
https://www.somostodosum.com.br/clube/artigos/astrologia/saturno--o-grande-malefico-16506.html

em Capricórnio pela sua aspereza, é no acolhimento canceriano que Saturno encontra seu exílio.

Como seria isso?

Saturno, tal como Júpiter, é um planeta social. Ele fica, mais ou menos, dois anos em cada signo. Ele anda nos doze signos do Zodíaco em, mais ou menos, 27 anos (promovendo o famoso "retorno de Saturno", que merece um livro nosso à parte). É o último planeta a ser analisado na Astrologia Clássica e um planeta extremamente visado para verificação dos problemas e atribulações na vida de uma pessoa na Astrologia Védica.

Assim, Saturno em Câncer, possui uma energia que salta gerações, unindo vidas distintas através desse posicionamento no mapa astral natal. Irei apenas focar em uma, a de William Shakespeare (o qual já escrevi um livro sobre ele e Psicanálise[39]), mas poderia falar também de Molière, Marquês de Sade, Honoré de Balzac, Júlio Verne, Arthur Miller e Julio Cortázar. Todos eles têm em comum o Saturno em Câncer.

Sim, afinal, esse é o assunto do texto.

---

[39] VENANCIO, R. D. O. *Psicanálise lê Shakespeare: Teatro e a Psique Humana em Freud, Jones, Lacan e Green.* Amazon.com/To the Moon, 2021.

Além desse dado astrológico, à primeira vista, os sete apenas têm em comum a profissão: são escritores.

Escritores, aliás, espalhados por séculos.

Shakespeare nasceu em 1564 no século XVI.

No século XVII, Molière nasceu em 1622.

Já no século XVIII, temos Sade em 1740 e Balzac em 1799.

No século XIX, Júlio Verne nasceu em 1828.

Por fim, Julio Cortázar (nascido em 1914) e Arthur Miller (nascido em 1915) dividem o primeiro exílio de Saturno em Câncer do século XX.

Em uma leitura de crítica literária, seria difícil equacioná-los em um primeiro momento. No entanto, Saturno em Câncer nos dá um insight poderoso sobre a obra dos sete: o lugar da sua crítica social.

Nos sete, cada um com sua temática, há uma forma de "cobrar" a sociedade através de uma imaginação posta pelos temas que eles escrevem. Podemos chamar essa cobrança enquanto imaginativa.

Me detalharei em Shakespeare:

"Depois que Shakespeare escreve, tudo teve de ser alterado, porque havia um comportamento humano. Minha

maior admiração por Shakespeare foi o fato de ele ter tido um longo caso de amor com a humanidade durante toda a sua carreira. Para ele, gente era fascinante. O que o apaixonou a vida toda foi a variedade e a amplitude do potencial humano, para o bem e para o mal". [40]

No entanto, isso foi um fator de críticas da posteridade a ele

"Esse psicologismo fez de Shakespeare um mestre da geração dos grandes romancistas, um irmão em espírito de Dostoiévski, apaixonado por seu estudo da "natureza humana, sem disfarce, abjeta e sublime". Shakespeare tornou-se assim o alvo dos ataques convergentes de Tolstói e de G. B. Shaw. Tolstói lhe reprovava a insuficiente motivação das personagens, falta de realismo e ausência de verossimilhança". [41]

Mas, não era o realismo e a verossimilhança com o seu tempo histórico que Shakespeare queria. Tal como

---

[40] HELIODORA, B. "Memória: O percurso de Shakespeare como autor" In: DITOLVO, H. H. S (org). Shakespeare: Paixões e Psicanálise. São Paulo: Blucher, 2019, p. 182-183.

[41] BOQUET, G. Teatro e Sociedade: Shakespeare. São Paulo: Perspectiva, 1989, p. 79.

escrevi no outro livro mencionado, o Bardo inglês tinha uma escrita criativa aguçada para os problemas do humano e de sua mente.

O quanto pensamos sobre o nosso próprio ciúme ao ler/ver Othello?

O quanto pensamos sobre a nossa própria inação ao ler/ver Hamlet?

O quanto pensamos sobre as nossas próprias fantasias amorosas infantis de "sem você, eu morro" ao ler/ver Romeu e Julieta?

O quanto pensamos sobre as nossas próprias fantasias sexuais inocentes de "não existe o amanhã" ao ler/ver Sonhos de uma noite de Verão?

O quanto pensamos sobre as pequenas traições que nos cercam e a nossa própria falta de modéstia ao ler/ver Júlio César?

O quanto pensamos sobre o nosso próprio salvo-conduto dado pela injustiça da natureza ao ler/ver Ricardo III?

O quanto pensamos sobre os nossos próprios sacrifícios irracionais e vãos ao ler/ver Cymbeline?

O quanto pensamos sobre as nossas próprias carências e ingratidões ao ler/ver Rei Lear?

O quanto pensamos sobre os nossos próprios preconceitos (exercidos ou sofridos) ao ler/ver O Mercador de Veneza?

O quanto pensamos sobre as nossas próprias ganâncias e culpas ao ler/ver Macbeth?

Quantas vezes a poltrona do cinema, do teatro ou da sala de leitura se transformou em um divã quando estamos acompanhados de Shakespeare?

Assim, Shakespeare inspira uma cobrança social pela via da imaginação. Ao invés da energia tensa do "Grande Maléfico", Câncer promove um envolvimento. É uma matemática simples: a energia saturnina já é tensa, o exílio é uma forma de tensão. Tal como a multiplicação de dois negativos dá um resultado positivo, Saturno em Exílio (tensão em tensão) promove o oposto: a nutrição.

Nutrição essa de cobrança que no caso de escritores, como Shakespeare, é pela crítica social imaginativa em seus textos. E isso parece ecoar nos demais escritores exilados saturninos em Câncer.

Afinal, quem bem já viu no teatro, sabe que Molière usava o humor escrachado para as mais mordazes críticas a uma sociedade francesa cada vez mais decadente em seus valores socioeconômicos burgueses (que desencadearia, alguns séculos depois, uma Revolução utópica e malfadada, bem como um Napoleão vale notar). Isso é cobrança social pela via da imaginação.

Quem já se chocou através de seus textos, e sabe deixar de lado moralismos, viu que Marquês de Sade (através da escatologia sexual, obviamente uma imaginação "dark") está mostrando o pior no humano para que refletirmos acerca desse processo mecanizador dos corpos que o capitalismo de seu tempo levava. Isso é cobrança social pela via da imaginação, mesmo que seja uma imaginação do pesadelo.

E as "Ilusões Perdidas" ou "A Comédia Humana" de Honoré de Balzac? Existem títulos (e, claro, o conteúdo dos livros), mais representativos de uma cobrança social pela via da imaginação?

E a imaginação de Júlio Verne de novos mundos, novas aventuras, da Lua... Afinal, bem típico de uma energia canceriana colocar a Lua no meio. Mesmo que seja para cobrar (saturninamente) que o humano busca o máximo de seu potencial através de sua imaginação.

E o teatro de Arthur Miller, então? Na dureza de uma realidade social, sempre há algo de imaginativo, de memória, de nutrição familiar escapando. O canceriano gritando pela trombeta de Cronos...

Por fim, Julio Cortázar. Acho que a palavra "Realismo Mágico" diz tudo, não é? Caso contrário, entenda mais sobre o mal do século XX pulando amarelinha com o seu texto mais famoso.

Isso tudo é cobrança social pela via da imaginação. Então, nunca pense que um Saturno em Câncer se "disfuncionaliza" por estar em exílio. Pelo contrário, ele se torna tão diferente que pode ser até mais efetivo que um Saturno domiciliado confortavelmente em Capricórnio.

SOBRE ESTE LIVRO

Sol em Aquário. Lua em Capricórnio. Mercúrio em Sagitário. Vênus em Áries. Marte em Libra. Júpiter em Gêmeos. Saturno em Câncer. O que eles têm em comum?

São posições de planetas em exílio no mapa astral natal. Através de sete crônicas, o presente livro analisa esses Exílios Planetários a partir das ideias de uma astrologia que se mistura com filosofia, psicanálise, psicoterapia junguiana e outros princípios de entendimento da psique humana.

Assim, ao contrário do senso comum astrológico que vê o exílio como um "malefício", onde se você possui um planeta em Exílio você está "lascado", a ideia aqui é a possibilidade de um trabalho em negativo que faz aflorar potencialidades do ser, inspirado na ideia de Filosofia Negativa de Arthur Schopenhauer, que mostrava, inspirado pela filosofia oriental, de que a melhor ontologia não é pela investigação do ser, mas sim do "não-ser".

Inspirado por essa ideia de explicar o Exílio como uma potencialidade astrológica do "não-ser" dos planetas, este livro é uma aventura astrológica pelos tempos, sendo "literatura" para entreter os interessados em Astrologia, bem como "didática" para aqueles que são ou desejam ser astrólogos.

SOBRE O AUTOR

Rafael Duarte Oliveira Venancio é escritor, dramaturgo, psicanalista, astrólogo, psicoterapeuta holístico e professor.

É Doutor em Meios e Processos Audiovisuais pela Escola de Comunicações e Artes da Universidade de São Paulo (ECA/USP), onde também se formou Mestre em Ciências da Comunicação e Bacharel em Comunicação Social - Habilitação em Jornalismo, além de possuir licenciatura em História pela FIAR-CESUAR. Cumpriu entre 2019 e 2020, o estágio de pós-doutorado em Ficção e Dramaturgia Radiofônica na própria USP.

Enquanto escritor e dramaturgo, publicou uma centena de livros enquanto autor independente e por editoras tradicionais em quatro línguas. Suas peças de teatro e de radioteatro foram encenadas em três línguas em sete países. Seus temas mais frequentes são ficção e reimaginação histórica, metadramaturgia, história do futebol e storytelling filosófico. No campo da Psicanálise, trabalha como pesquisador e crítico psicanalítico em Educação, Comunicação, Arte e Cultura desde 2005. Possui certificações no campo psicoterapêutico e astrológico no Brasil e no exterior, sendo membro efetivo da Astrological Psychology Association. Venceu, em 2022, o prêmio de melhor conto em concurso da Academia Itapemense de Letras (Itapema/SC) com o conto "A Cartomante de 1922".

Instagram: @rafaeldovenancio

SOBRE O CAMINHADA ESTELAR | ESPAÇO DE AUTOCONHECIMENTO E EXPANSÃO DA CONSCIÊNCIA

O Caminhada Estelar é um Espaço de Autoconhecimento e Expansão da Consciência fundado em 2021 pelo casal Simone Lly e Rafael Duarte Oliveira Venancio.

A proposta do Caminhada Estelar é de ser um espaço onde concentramos nossos atendimentos, cursos e grupos de estudo.

Além disso, é um lugar onde postamos assuntos relacionados, frases inspiradoras e meditações guiadas. Acompanhe sempre o nosso blog (www.caminhadaestelar.com.br) e siga a gente no Instagram (@caminhadaestelar).

SOBRE A TO THE MOON | SOLUÇÕES EM STORYTELLING

Contamos histórias e estórias...
Ensinamos a contar histórias...
Sonhamos com mais estórias.

Ir para a Lua. Esta, talvez, seja a metáfora mais importante dentro do mundo daqueles que se preocupam com a imaginação e com as boas histórias. Imaginação essa que pode ser literária tal como a de Jules Verne, pode ser artística tal como a de George Meliès ou pode ser, até mesmo, tecnológica e desbravadora tal como aquela que possibilitou o feito de Neil Armstrong.

Walter Benjamin nos lembra que a narração é uma característica humana em extinção, apesar de necessária. O problema não é que não temos mais um público interessado nas boas histórias e estórias. Pelo contrário. Não temos mais narradores.

Neste contexto, surge a To the Moon: Soluções em Storytelling. Trabalhamos em 3 frentes para buscar um mundo com mais histórias contadas: (1) Criamos materiais tais como livros, ebooks e podcasts para demonstrar novas formas de ficção e de uso enquanto material didático para quem deseja entrar nesse mundo, não importando a linguagem midiática; (2) Ensinamos com oficinas, palestras e cursos EAD o exercício do storytelling e da narratologia, que são as ferramentas para criar autores e narradores; e (3) Disponibilizamos serviços editoriais e de tutoria para autores, que vão da ajuda inicial até a publicação de livros, ebooks e podcasts, para que novas histórias e estórias venham à tona.

Conheça mais o nosso trabalho e faça um orçamento!

To the Moon | Soluções em Storytelling
Site:https://tothemoonstorytelling.blogspot.com
Twitter e Instagram: @ToTheMoonStory
E-mail: tothemoon.storytelling@gmail.com

www.ingramcontent.com/pod-product-compliance
Lightning Source LLC
Chambersburg PA
CBHW071919120726
48001CB00005B/1792